Verena Hafner

Politik aus Kindersicht

Eine Studie über Interesse,
Wissen und Einstellungen von Kindern

D1662580

Covergestaltung: Stephanie Hafner

Verena Hafner

POLITIK AUS KINDERSICHT

Eine Studie über Interesse,
Wissen und Einstellungen von Kindern

ibidem-Verlag
Stuttgart

Bibliografische Information Der Deutschen Bibliothek

Die Deutsche Bibliothek verzeichnet diese Publikation in der Deutschen
Nationalbibliografie; detaillierte bibliografische Daten sind im Internet
über <http://dnb.ddb.de> abrufbar.

∞

Gedruckt auf alterungsbeständigem, säurefreien Papier
Printed on acid-free paper

ISBN: 3-89821-680-2

© *ibidem*-Verlag
Stuttgart 2006
Alle Rechte vorbehalten

Inhaltsverzeichnis

Abbildungsverzeichnis

1. Einleitung

Kinder und Politik – auf den ersten Blick scheint dieses Paar nicht zusammen zu passen. Politik ist ein abstraktes Feld, das fernab von der kindlichen Lebenswelt zu sein scheint. Empirische Studien belegen aber, dass Kinder bereits politisiert sind. Schon ab dem Vorschulalter findet politisches Lernen statt und die politische Persönlichkeit beginnt sich zu formen[1]: „Dabei ist unbestritten, daß Kinder keine politisch unbeschriebenen Blätter sind, sondern über einen Set von Vorstellungen und Einstellungen im Hinblick auf die Welt der Politik verfügen; diese mögen naiv, richtig, falsch, unvollständig, konfus, idealisiert, positiv oder negativ sein, in jedem Falle sind sie aber vorhanden."[2]

Umso erstaunlicher ist es, dass sich bisher nur wenige Forscher mit diesem kindlichen Politikbild befasst haben. Die wenigen Untersuchungen, die sich explizit mit der politischen Persönlichkeit von Kindern beschäftigen, stammen hauptsächlich aus den sechziger und siebziger Jahren. In jüngerer Zeit wurde der Themenbereich kaum noch aufgegriffen. Vor allem die deutsche Forschung beachtete ihn kaum. Zu politischen Einstellungen und dem politischen Denken *Jugendlicher* werden inzwischen zwar regelmäßig Erhebungen durchgeführt. *Kinder* und ihre Politiksicht werden aber so gut wie vollständig aus der Forschung ausgeschlossen.

Da ein beträchtlicher Teil politischen Lernens bereits in der Kindheit stattfindet und schon früh grundlegende Dimensionen der politischen Persönlichkeit geprägt werden[3], ist dieser mangelnde Forschungsstand ein großes Defizit. Kinder sind die Bürger von morgen und es ist wichtig, Wissen über ihr politisches Weltbild zu haben, weil diese frühen Vor- und Einstellungen die Grundlage für die politischen Orientierungen des Erwachsenen bilden.[4] „The truly formative years of the maturing member of a political system would seem to be the years between the ages of three and thirteen. It is this period

---

[1] Ackermann, 1996, 97
[2] Wasmund, 1982a, 28
[3] Müller, 1971, 13; Wasmund, 1976, 29
[4] vgl. Kapitel 5

when rapid growth and development in political orientations take place, as in many areas of non-political socialization."[5]

Zudem sind Informationen über politische Orientierungen von Kindern für die Politikdidaktik grundlegend. Politische Bildung gehört zum Bildungsauftrag der Schule und schließt auch die Vermittlung politischer Grundkenntnisse und Grundhaltungen ein. Um diese zu vermitteln, sind Informationen über den aktuellen Wissensstand und das politische Denken von Kindern erforderlich.[6] „Erfolgreicher Unterricht wäre nicht denkbar, wenn er die Vorstellungen der Kinder nicht intensiv in die didaktischen und methodischen Überlegungen einbeziehen würde."[7] Die politischen Orientierungen von Kindern sind nach KRATZMEIER (1966) wie „ein wildwüchsiger Garten, der der Hege und Pflege bedarf"[8]. Das was bereits vorhanden ist, muss bearbeitet, berichtigt, strukturiert und differenziert werden. „Wir müssen also das politische Weltbild des Kindes kennen, ehe wir versuchen, es zu formen."[9]

Fragestellung und Ziel der Studie

Aufgrund seiner Relevanz und aufgrund des Mangels an Forschung dazu wird das Thema „Kinder und Politik" in der vorliegenden Studie aufgegriffen. Es soll ein Beitrag dazu geleistet werden, die Frage nach dem politischen Weltbild von Kindern zu klären. Wie sieht das anfangs zitierte „Set von Vorstellungen und Einstellungen" im Hinblick auf die Politik inhaltlich konkret aus? Wie nehmen Kinder Politik wahr und wie bewerten sie diese? In diesem Rahmen wird empirisch untersucht, inwieweit sich Kinder für Politisches interessieren, was sie über Politik wissen und welche „Einstellungen" diesbezüglich schon vorhanden sind. Die Fragestellung der Studie setzt sich somit aus drei übergeordneten Forschungsbereichen zusammen:

1) Politisches Interesse von Kindern
2) Politisches Wissen von Kindern
3) Politische Einstellungen von Kindern

---

[5]   Easton / Hess, 1962, 236
[6]   Beck, 1974, 7; Kratzmeier, 1966, 612; Übach, 1978, 124; Ziegler, 1988, 38
[7]   Krimm, Stefan (Ministerialrat, Bayerisches Staatsministerium für Unterricht und Kultus) – aus einem Experteninterview vom 25. April 2005
[8]   Kratzmeier, 1966, 608
[9]   Kratzmeier, 1966, 608

Zu jedem der drei Frageblöcke werden exemplarisch mehrere Facetten aufgedeckt. Um die Forschungsfragen zu klären, wurde mit Kindern des vierten und siebten Schuljahres eine quantitative schriftliche Befragung durchgeführt. Die Untersuchungsergebnisse sollen zum einen einen Beitrag dazu leisten, die vorhandene Lücke im Forschungsstand über die politischen Orientierungen von Kindern zu schließen. Zu diesem Zweck erfolgt eine Beschreibung der Ergebnisse und es werden Überlegungen zur Erklärung individueller Unterschiede im Interesse, im Wissen und in den Einstellungen angestellt. Zum anderen sollen die Befunde der Studie Ansatzpunkte und Leitlinien für die politische Bildung liefern.

Aufbau des Buches

In einem ersten Schritt werden die drei Konzepte vorgestellt, die der empirischen Studie zugrunde liegen: Politisches Interesse, politisches Wissen und politische Einstellungen. Jedes Konzept wird definiert und zu Kindern in Bezug gesetzt. Zudem wird abschließend begründet, worin die besondere Relevanz dieser drei Konzepte liegt. Der zweite Teil der Arbeit befasst sich damit, wie Kinder zu ihrem politischen Weltbild kommen und wie politisches Interesse, politisches Wissen und politische Einstellungen entstehen können. Um das zu verdeutlichen, wird zuerst eine Einführung zur politischen Sozialisation gegeben. Spezieller wird dann auf die Einflüsse der Sozialisationsagenten Familie, Schule und Massenmedien im Prozess der politischen Sozialisation eingegangen. In einem weiteren Schritt werden Forschungsergebnisse amerikanischer und deutscher Studien vorgestellt, die Aufschluss über politische Orientierungen von Kindern geben. Um die Bedeutung dieser kindlichen Orientierungen zu begründen, werden schließlich Modelle zur Relevanz und Stabilität kindlicher Politikorientierungen vorgestellt. Den letzten großen Teil des Buches nimmt die Beschreibung der empirischen Untersuchung und ihrer Ergebnisse ein.

2. Zugrundeliegende Konzepte

2.1 Politisches Interesse

Politisches Interesse wurde eine Zeit lang synonym mit politischer Motivation verwendet. Zwischen diesen Konzepten bestehen zwar Zusammenhänge, denn es ist belegt, dass politisches Interesse handlungsrelevant ist und mit politischer Partizipationsmotivation verknüpft ist. Eine ausschließlich motivationale Definition politischen Interesses, wie sie eine Zeit lang verbreitet war, ist jedoch nicht ausreichend, denn nicht *jeder* Partizipant ist sehr interessiert und nicht *jeder* Interessierte partizipiert. In der Politikwissenschaft unterscheidet man heute daher zwischen „participant interest" und „spectator interest".[10] Die meisten Definitionen von politischem Interesse sind sehr allgemein gehalten. So versteht VAN DETH (1990) unter politischem Interesse *„the degree to which politics arouses a citizen's curiosity"*[11]. NELLER (2002) stellt politisches Interesse in ihrer Begriffsbestimmung als „"Aufmerksamkeit" gegenüber politischen Geschehnissen"[12] dar. TODT (1995) konkretisiert in seiner Zusammenstellung psychologischer Interessensdefinitionen, welche Konsequenzen Interesse hat: Politisches Interesse beinhaltet die Tendenz zu selektiver Aufmerksamkeit bezüglich politischer Objekte, Themen und Ereignisse sowie das Gefühl, dass diese für die eigene Person bedeutsam sind. Politisches Interesse führt zur Informationssuche und einem Streben, politisches Wissen zu erwerben.[13] Unabhängig von seinen Handlungskonsequenzen kann Politikinteresse entweder intrinsisch oder extrinsisch motiviert sein. Je nachdem, ob die Motivation rein politisch ist oder auf anderen Motiven und Zielen, wie zum Beispiel dem sozialen Prestigegewinn, beruht.[14] Politisches Interesse wandelt sich sowohl im Lauf des Lebens als auch abhängig von aktuellen politischen Ereignissen.[15]

---

[10] van Deth, 1990, 276-278
[11] van Deth, 1990, 278
[12] Neller, 2002, 489
[13] Todt, 1995, 222
[14] Kuhn, 2000, 30 / 32
[15] Kuhn, 2000, 30

Betrachtet man politisches Interesse im Zusammenhang mit Kindern, so ist zu vermuten, dass diese durchaus schon politisches Interesse haben können. Kinder werden zwar kaum ein ausgeprägtes Interesse für institutionalisierte Politik und Parteipolitik an den Tag legen, da Politik im engeren Sinne zu abstrakt erscheint und zu weit vom kindlichen Alltag entfernt ist. Möglich ist aber, dass konkrete Themen aus dem politischen Bereich die Neugier und Aufmerksamkeit von Kindern wecken. Eventuell gibt es politische Themen, die Kinder interessieren, die sie aber nicht direkt mit dem Politik-Begriff in Verbindung bringen. Was Jugendliche betrifft, so zeigen Studien, dass eine gewisse persönliche Betroffenheit bei den meisten Voraussetzung dafür ist, dass Politisches interessant wird.[16] Deshalb ist gut vorstellbar, dass auch jüngere Kinder politisches Interesse und Neugier entwickeln können, wenn es um konkrete statt abstrakte Themen geht, die erkennbare Bezüge zur persönlichen Lebenswelt aufweisen und somit als persönlich bedeutsam wahrgenommen werden. Dieses Interesse kann dann zumindest in Form von Informationssuche, Fragenstellen und Wissenserwerb handlungsrelevant werden.

2.2 Politisches Wissen

Unter politischem Wissen versteht man nach DELLI CARPINI UND KEETER (1996) „the range of factual information about politics that is stored in longterm memory"[17]. Während die beiden Autoren ihre Definition auf Faktenwissen beschränken, ist in der Literatur häufig eine Differenzierung des Wissensbegriffs nach den beiden Wissensarten „Faktenwissen" und „Strukturwissen" zu finden. Bei **Faktenwissen** handelt es sich um rein faktische Wissensinhalte, die eher wenig komplex sind und objektiv als „richtig" oder „falsch" eingestuft werden können. Dazu zählen zum Beispiel Kenntnisse wie der Name des Bundeskanzlers, die parteiliche Zusammensetzung der Bundesregierung oder die Aufgaben des deutschen Bundestags. **Strukturwissen** dagegen bezieht sich nicht auf reine Fakten, sondern auf mögliche Entwicklungen, Hintergründe, Ursachen und Konsequenzen politischer Handlungen und Ereignisse. Somit ist Strukturwissen meist nicht mehr objektiv nachprüf-

---

[16] Hartmann, 1982, 302-303
[17] Delli Carpini / Keeter, 1996, 10

bar, sondern subjektive Ansichtssache. Dem Strukturwissen wären beispielsweise die Wichtigkeit bestimmter politischer Probleme, zukünftige Konsequenzen politischen Handelns oder die Motivationen hinter politischem Handeln zugehörig.[18]

Zudem ist zwischen objektivem und subjektivem politischen Wissen zu unterscheiden. **Objektives politisches Wissen** meint Wissen über Politik, das bei einer Person *tatsächlich* vorhanden ist. **Subjektives politisches Wissen** dagegen beschreibt das Wissen über Politik, über das eine Person zu verfügen *glaubt*. Diese beiden Arten des Wissens können sich überschneiden, entsprechen sich aber nicht in jedem Fall. Im Bereich des Faktenwissens sind objektives und subjektives Wissen klar voneinander unterscheidbar. Geht es aber um Strukturwissen, kann man die beiden nicht mehr klar kontrastieren, denn Strukturwissen kann nur schwer als richtig oder falsch eingestuft werden.[19]

Das Konzept des politischen Wissens lässt sich gut auf Kinder beziehen. Politikwissen ist dann jedoch wahrscheinlich vielmehr als grundlegendes Faktenwissen beziehungsweise als eine allgemeine Vorstellung von der Politik zu verstehen, nicht als tiefgreifendes Fakten- und Strukturwissen. Im Kindesalter ist vermutlich noch wenig Verständnis für Zusammenhänge, Ursachen und Konsequenzen politischer Prozesse vorhanden. Wahrscheinlich haben Kinder auch nur wenig subjektives, dennoch aber objektives Politikwissen. Denn dass auch jüngere Kinder – wenn auch nicht bewusst – schon Elemente politischen Wissens aufnehmen, ist zumindest aus zwei Gründen zu erwarten: Erstens sind Kinder neugierig und wissbegierig, sie wollen wissen und begreifen, was in der Welt geschieht und warum.[20] Somit bekommen sie mehr oder weniger beiläufig auch politische Informationen aus ihrer Umwelt mit, zum Beispiel wenn sie Unterhaltungen Erwachsener mithören, wenn sie vor dem Fernsehapparat sitzen oder wenn beim Frühstück das Radio läuft. Und zweitens gibt es Studien, die belegen, dass Kinder

---

[18] Horstmann, 1991, 30; Schönbach, 1983, 26-27
[19] Maier, 2000, 143
[20] Connell, 1971, 233; Schumacher, 2004, 10 / 14; Theunert / Eggert, 2001, 51

schon mehr politisches Bewusstsein und Wissen haben als im Allgemeinen von ihnen erwartet wird.[21]

2.3   Politische Einstellungen

Einstellungen sind sehr komplexe psychologische Konstrukte. Von Einstellungen im *allgemeinen* Sinn existieren unzählige Definitionen. FISHBEIN UND AJZEN (1975) sprechen von Uneinigkeiten in der Definition, fassen aber die wesentlichen Merkmale des Einstellungsbegriffs, über die Konsens besteht, folgendermaßen zusammen: Eine Einstellung ist „a learned predisposition to respond in a consistently favorable or unfavorable manner with respect to a given object"[22]. Einstellungen sind also nicht angeboren, sondern gelernt. Sie sind „Produkte von Sozialisations-Prozessen".[23] Einstellungen sind Handlungsmotive und führen im Sinne von „Verhaltens-Dispositionen"[24] zu einer bestimmten Art von Reaktion auf das Objekt, das Gegenstand der Einstellung ist. Diese Reaktion gegenüber dem Einstellungsobjekt ist zu einem bestimmten Grad positiver oder negativer Art. Das macht auch die Definition von EAGLY UND CHAIKEN (1998) deutlich: „Attitudes express passions and hates, attractions and repulsions, likes and dislikes" und „… an attitude is a psychological tendency that is expressed by evaluating a particular entity with some degree of favor or disfavor".[25] Durch diese bewertende Funktion der Einstellung werden die Reaktionen des Einstellungsträgers auf das Einstellungsobjekt beeinflusst – sowohl Emotionen und Kognitionen als auch Verhalten.[26] Da Einstellungen durch direkte oder indirekte Erfahrungen mit dem Einstellungsobjekt erlernt werden, können sie durch neue Lernerfahrungen auch modifiziert werden.[27]

Es gibt viele Arten von Einstellungen. Von einer *politischen* Einstellung spricht man, wenn das Objekt der Einstellung politischer Art ist, wenn es sich also beispielsweise um politische Persönlichkeiten, Parteien, Ereignisse,

---

[21]   vgl. Kapitel 4
[22]   Fishbein / Ajzen, 1975, 6 (im Original: kursiv)
[23]   Irle, 1975, 278 (im Original: kursiv)
[24]   Irle, 1975, 278 (im Original: kursiv)
[25]   Eagly / Chaiken, 1998, 269
[26]   Eagly / Chaiken, 1998, 270
[27]   Bonfadelli, 1999, 90 / 92

Themen oder Programme handelt.[28] Beim Gegenstand einer politischen Einstellung kann es sich sowohl um konkrete (Nationalflagge) oder abstrakte Objekte (Kommunismus) als auch um Personen beziehungsweise Gruppen von Personen (George W. Bush oder deutsche Politiker) handeln.[29]

Dem **Dreikomponentenmodell** zufolge haben Einstellungen – also auch politische Einstellungen – affektive, kognitive und konative Komponenten. Zum affektiven Bereich zählen die Gefühle, die das Einstellungsobjekt bei einer Person hervorruft. Das Objekt kann positiv oder negativ bewertet werden. Oft ist diese emotionale Einstellungskomponente am tiefsten verwurzelt und sehr resistent gegenüber Veränderung. Die kognitive Komponente der Einstellung besteht aus dem Wissen, den Vorstellungen und Überzeugungen einer Person bezüglich des Einstellungsobjekts. Die dritte, die konative Komponente ist definiert durch die Verhaltensabsichten und Handlungstendenzen einer Person bezüglich des Einstellungsobjekts. Es geht dabei um die latente Bereitschaft, gegenüber dem Objekt in einer bestimmten Weise zu (re)agieren.[30] Die drei Einstellungskomponenten können je nach Person und Einstellung unterschiedlich stark ausgeprägt sein. Die Gewichtung der einzelnen Komponenten ist nicht nur von der Struktur der jeweiligen Einstellung abhängig, sondern verändert sich auch mit der Entwicklung des Einstellungsträgers: In frühen Phasen der Entwicklung, vor allem in der Kindheit, überwiegen bei vielen Einstellungen die affektiven Anteile. Mit zunehmender Reife werden sukzessive die kognitiven Elemente wichtiger, die sich dann immer mehr ausdifferenzieren und strukturieren.[31]

Auch Kinder haben Untersuchungen zufolge schon politische Einstellungen. Sie bewerten politische Objekte begünstigend oder weniger begünstigend, empfinden Zu- oder Abneigung. So haben sie beispielsweise bereits Einstellungen gegenüber der eigenen Nation, gegenüber führenden politischen Persönlichkeiten oder gegenüber politischen Parteien.[32] Bei diesen kindlichen Politikeinstellungen ist die affektive Einstellungskomponente besonders stark ausgeprägt, manchmal basieren sie auch ausschließlich auf der affektiven

---

[28]   Schönbach, 1983, 26
[29]   Bohner, 2002, 267
[30]   Fishbein / Ajzen, 1975, 12; Mann, 1991, 165-166
[31]   Triandis, 1975, 35
[32]   vgl. Kapitel 4.1.3

Komponente – ohne das Vorhandensein einer kognitiven Basis.[33] Zum Teil übernehmen Kinder ihre politischen Einstellungen einfach von Erwachsenen ohne sich darüber bewusst zu sein und ohne viel über das Einstellungsobjekt zu wissen.[34] Fakt ist aber, dass sie bereits politische Einstellungen im Sinne der vorgestellten Definition haben.

2.4 Relevanz der Konzepte

Die drei vorgestellten Komponenten der politischen Persönlichkeit sind besonders wichtig für das politische Verhalten eines Menschen. Alle drei sind wesentliche Voraussetzungen für eine aktive und selbstbestimmte Teilnahme am politischen Prozess. Aus diesem Grund sind sie von besonderem Interesse und sollen Schwerpunkt der vorliegenden Arbeit sein.

Eine Demokratie braucht aktive Mitglieder, die an ihrer Gesellschaft teilhaben und an politischen Entscheidungsprozessen mitwirken.[35] Zentrales Ziel politischer Bildung sollte somit die „Erziehung zur verantwortungsvollen Mitarbeit im demokratischen Staat" sein.[36] An diesem Punkt kommen Interesse, Wissen und Einstellungen bezüglich Politik ins Spiel: **Politisches Interesse** ist die Motivation zur Handlungsbereitschaft und damit eine zentrale Voraussetzung für aktive politische Beteiligung und politisches Engagement des Einzelnen.[37] **Politisches Wissen** ist ebenso Grundlage und Werkzeug für effektives politisches Handeln. Politische Handlungskompetenz setzt zumindest Grundwissen über den Aufbau, die Elemente und die Funktionsweisen des politischen Systems sowie die Möglichkeiten der Bürger darin voraus. Je informierter ein Bürger ist, desto wirksamer kann er seine Rolle in der Demokratie einnehmen.[38] **Politische Einstellungen** sind von essentieller Bedeutung für politisches Verhalten, weil sie dieses – oft auch latent – steuern

---

[33] Greenstein, 1965, 35 / 67 / 71 / 73 / 154; Hess / Torney, 1967, 26 / 92
[34] Dawson / Prewitt / Dawson, 1977, 106-108; Greenstein, 1965, 72-73; Hess / Torney, 1967, 90
[35] Delli Carpini / Keeter, 1996, 224; Hartmann, 1982, 291; Stimpel, 1970, 12
[36] Verhandlungsbericht der Internationalen Arbeitsgemeinschaft für Sozialkunde in Heidelberg, HICOG-Bericht, Frankfurt 1951, 88, zitiert nach Becker / Herkommer / Bergmann, 1970, 54
[37] Hartmann, 1982, 291-292; Kuhn, 2000, 30; Pöttker, 1996, 150
[38] Dawson / Prewitt / Dawson, 1977, 109; Delli Carpini / Keeter, 1996, 10 / 65 / 218-219; Müller, 1971, 17; Pöttker, 1996, 150; Stimpel, 1970, 12-13

und beeinflussen.[39] Besonders wenn es um politische Einstellungen geht, ist es geradezu offensichtlich, dass sie Verhalten lenken und zu bestimmten Verhaltensweisen führen.

Für Kinder sind zwar noch kaum direkte Möglichkeiten zur aktiven politischen Partizipation gegeben. Dennoch ist es sinnvoll und wichtig, die Entstehung dieser drei Grundkomponenten der politischen Persönlichkeit als wesentliche Grundlagen für späteres politisches Handeln schon früh zu fördern und damit die Grundsteine für einen politisch aufgeklärten und engagierten Menschen zu legen. Ziel politischer Bildung sollte also sein, schon bei jungen Menschen politisches Interesse zu wecken, eine politische Wissensgrundlage zu schaffen und sie dadurch auch zu einer unabhängigen Einstellungsbildung zu befähigen.[40]

---

[39] Bohner, 2002, 266 / 300; Stahlberg / Frey, 1996, 219
[40] Becker / Herkommer / Bergmann, 1970, 54; Hartmann, 1982, 291-292

3. Entstehung der politischen Persönlichkeit

„... niemand [wird] als [...] gesellschaftsfähiges Wesen geboren [...]. Demokrat, Faschist oder Terrorist wird man nicht von heute auf morgen."[41] Die politische Persönlichkeit ist nicht angeboren. Sie entsteht und entwickelt sich allmählich im Lauf der Zeit. Das geschieht während eines lebenslangen Lernprozesses, der schon in der Kindheit seinen Ursprung hat. Diesen Prozess bezeichnet man als „politische Sozialisation".[42]

3.1 Politische Sozialisation

3.1.1 Definition politischer Sozialisation

Sozialisation im Allgemeinen ist ein „Begriff zur Beschreibung und Erklärung aller Vorgänge und Prozesse, in deren Verlauf der Mensch zum Mitglied einer Gesellschaft und Kultur wird. Durch Prozesse der Sozialisation gewinnt der menschliche Organismus seine Identität als eine in Gesellschaft handlungsfähige Persönlichkeit".[43] Die politische Sozialisation ist ein Teil der allgemeinen Sozialisation und umfasst all diejenigen Lernprozesse, durch die sich der *politische* Teil der Persönlichkeit entwickelt. In diesem Sinne fassen CLAUßEN UND GEIßLER (1996) darunter die Prozesse der „kurz-, mittel- oder langfristig mehr oder minder stabile[n] Entstehung, Differenzierung und Veränderung der im engen und weiten Sinne staatsbürgerlichen Dimensionen individueller Persönlichkeit".[44] Das bedeutet, politische Sozialisation umfasst „those developmental processes through which persons acquire political orientations and patterns of behavior"[45]. Zu den „Orientierungen", die im Prozess der politischen Sozialisation erworben werden, zählen EASTON UND DENNIS (1969) Kognitionen und Wissen, Gefühle und Einstellungen sowie Werthaltungen und Normen bezüglich Politik.[46] Allerdings werden nicht nur explizit politische Orientierungen, sondern auch politisch *relevante* Persön-

---

[41] Wasmund, 1982a, 26
[42] Easton / Dennis, 1969, 13; Wasmund, 1982a, 26
[43] Hartfiel, 1972, 603
[44] Claußen / Geißler, 1996, 9
[45] Easton / Dennis, 1969, 7 (im Original: kursiv)
[46] Easton / Dennis, 1969, 5

lichkeitsmerkmale sozialisiert: Nach GREENSTEIN (1968) bezeichnet politische Sozialisation „all political learning, formal and informal, deliberate and un-planned, at every stage of the life cycle, including not only explicitly political learning but also nominally nonpolitical learning that affects political behavior, such as the learning of politically relevant social attitudes and the acquisition of politically relevant personality characteristics".[47] GREENSTEIN betont in seiner sehr umfassenden Definition, dass der politischen Sozialisation jedes politisch relevante Lernen zugehört, egal ob der Lernvorgang intentional oder beiläufig ist und egal ob der Inhalt des Lernens direkt politisch oder nur in-direkt politisch ist. In diesem Punkt wird die Unterscheidung von manifestem und latentem politischen Lernen angesprochen.

3.1.2 Formen politischer Sozialisation

Politische Sozialisation kann auf unterschiedliche Weisen erfolgen: Man unterscheidet manifeste und latente Prozesse politischer Sozialisation.[48] In der klassischen Begriffsbestimmung dazu wird nach Sozialisationsinhalten differenziert: Manifeste politische Sozialisation wird als „specifically political socialization" umschrieben, latente als „politically relevant socialization".[49] Die politische Persönlichkeit wird bei manifester politischer Sozialisation durch die Auseinandersetzung mit der politischen Umwelt geprägt, bei latenter poli-tischer Sozialisation durch die Auseinandersetzung mit der unpolitischen Umwelt.[50]

3.1.2.1 Manifeste politische Sozialisation

Als manifeste politische Sozialisation gilt jedes Lernen, bei dem es sich um *direkt politische* Lernerfahrungen handelt. Dabei werden explizit Informa-tionen, Werte oder Gefühle gelernt, die sich inhaltlich direkt auf Politik be-ziehen.[51] Beispiele hierfür sind der Politikunterricht in der Schule, die Nutzung politischer Fernsehsendungen oder Gespräche über politische Themen. DAWSON ET AL. (1977) schlagen vier verschiedene Formen manifester poli-tischer Sozialisation vor: **Imitation** ist die wichtigste Form direkten sozialen

---

[47] Greenstein, 1968, 551
[48] Almond / Powell / Mundt, 1996, 51; Almond / Verba, 1963, 325
[49] Greenstein, 1965, 14
[50] Geißler, 1980, 489
[51] Almond / Powell / Mundt, 1996, 50

Lernens. Dabei übernimmt der Sozialisand politische Orientierungen oder Verhaltensmuster von wichtigen Bezugspersonen. Imitatives Lernen kann vom Sozialisanden aus bewusst und überlegt stattfinden, meist ist es aber ein unbewusstes Nachahmen von Vorbildern. Durch diese Sozialisationsform können Kinder zum Beispiel die Parteipräferenz ihrer Eltern übernehmen.[52] Eine weitere Möglichkeit direkten politischen Lernens ist die **antizipatorische Sozialisation**. Dieser Sozialisationstyp bezieht sich auf die Vorwegnahme der Einstellungen und des Rollenverhaltens einer zukünftigen Position. Antizipatorische Sozialisation ist im Bereich des politischen Lernens zwar weniger offensichtlich als Imitation, sie findet aber zweifellos statt. Beispielsweise könnte ein Kind oder Jugendlicher beginnen, die Zeitung zu lesen, weil von „guten" Bürgern politische Informiertheit erwartet wird.[53] **Politische Erziehung** meint alle gezielten Versuche, einem Sozialisanden politische Orientierungen zu vermitteln. Solche Bemühungen gehen von der Familie, von Schulen oder von politischen Organisationen aus. Anders als bei den Sozialisationsformen der Imitation und der Antizipation geht die Initiative bei politischer Erziehung mehr vom Sozialisator als vom Sozialisanden aus.[54] Die vierte Form direkter politischer Sozialisation sind **politische Erfahrungen**. Diese beziehen sich auf direkt politische Partizipationserfahrungen, die Quelle politischer Einstellungen oder politischen Verhaltens sein können. Eine politische Erfahrung könnte beispielsweise sein, dass ein Kind in der Schule als Klassensprecher engagiert ist, dass ein Jugendlicher an einer Demonstration teilnimmt oder dass ein Erwachsener für ein politisches Amt kandidiert.[55]

3.1.2.2 Latente politische Sozialisation

Demgegenüber steht die latente politische Sozialisation, bei der es sich um Lernen handelt, das zwar nicht direkt politischen Inhalts ist, sich aber dennoch auf politische Orientierungen und das politische Verhalten des Sozialisanden auswirkt. Unpolitische Lerninhalte, die für politisches Verhalten relevant sind oder werden können, sind beispielsweise allgemeine Persön-

---

[52] Dawson / Prewitt / Dawson, 1977, 106-108
[53] Dawson / Prewitt / Dawson, 1977, 108-109
[54] Dawson / Prewitt / Dawson, 1977, 109-110
[55] Dawson / Prewitt / Dawson, 1977, 110-112

lichkeitsmerkmale oder Wertorientierungen. Die politische Persönlichkeit hängt unter anderem von diesen allgemeinen Prädispositionen ab, die bereits in den frühen Lernerfahrungen der Kindheit geprägt werden.[56] Für indirekte politische Sozialisationsformen nennen DAWSON ET AL. drei Möglichkeiten: Bei allen drei Modellen handelt es sich um eine Übertragung von Erfahrungen aus nicht-politischen auf politische Bereiche. Das Lernmodell der **interpersonellen Übertragung** dient in erster Linie dazu, Orientierungen gegenüber politischer Autorität zu erklären. Es wird angenommen, dass die frühkindlichen Erfahrungen mit unmittelbaren Autoritätspersonen, vor allem den Eltern, maßgebend für die spätere Wahrnehmung politischer Autoritätspersonen und die Empfindungen diesen gegenüber ist. Die Orientierungen, die ein Kind gegenüber ihm nahe stehenden, nicht-politischen Autoritäten aus Familie und Schule in früher Kindheit entwickelt, werden später auf analoge Elemente im politischen System, zum Beispiel den Bundeskanzler, übertragen.[57] Eine weitere Art latenten politischen Lernens ist das **Erfahrungslernen**. Diese Lernform ähnelt dem Modell der interpersonellen Übertragung, wobei hier aber keine Rollenmodelle sondern nicht-politische Fähigkeiten und Verhaltensweisen auf den politischen Bereich übertragen werden. Nicht-politische Aktivitäten können eine Art Training für späteres politisches Verhalten sein, indem Heranwachsende dabei Fähigkeiten und Handlungsformen erlernen, die für den politischen Kontext relevant sind. So kann ein Kind durch die Mitgliedschaft in einem Sportteam oder durch Mitbestimmungsmöglichkeiten in der Schulklasse demokratische Verhaltensformen entwickeln.[58] Die letzte Variante indirekter politischer Sozialisation ist die **Generalisierung**. Gemeint ist eine Erweiterung allgemeiner Grundeinstellungen und -überzeugungen auf spezifisch politische Objekte. Wenn ein Kind durch seine Lebenserfahrungen zum Beispiel ein allgemeines Gefühl persönlicher Kompetenz entwickelt, so kann dieses später auf den politischen Bereich generalisiert werden und zu einem Gefühl politischer Wirksamkeit führen.[59]

---

[56] Dawson / Prewitt / Dawson, 1977, 95-96
[57] Dawson / Prewitt / Dawson, 1977, 99-100
[58] Dawson / Prewitt / Dawson, 1977, 100-104
[59] Dawson / Prewitt / Dawson, 1977, 104-105

Meistens wirken latente und manifeste politische Sozialisation nicht isoliert voneinander, sondern stehen in einer wechselseitigen Beziehung.[60] Je nach Art des zu erwerbenden politischen Persönlichkeitsmerkmals können unterschiedliche Lernformen maßgebend sein.[61]

Die Unterscheidung in manifeste und latente politische Sozialisation sowie die jeweils verschiedenen Formen davon zeigen, dass die Prozesse, durch die der Einzelne seine individuelle politische Persönlichkeit erwirbt, sehr vielfältig, komplex und von vielen Faktoren beeinflusst sind.[62] „Es sind darin also *latente und manifeste Varianten des Lernens* auf unterschiedlichen Qualitätsstufen (Reaktion auf Reize, unbewußte Inkorporation, planmäßige Absuche, Erzogen- und Unterrichtetwerden, Bildung als intransitive Auseinandersetzung) abgebildet, die realiter nebeneinander vorkommen und immer ebenso wie die Widersprüche aller einzelnen Momente in- und untereinander in einem Spannungsverhältnis stehen [...]"[63].

3.2 Rolle der politischen Sozialisationsinstanzen

Auf die politische Sozialisation eines Menschen nehmen viele verschiedene Instanzen, die so genannten Sozialisationsagenten, Einfluss. Durch diese werden politisches Interesse, politisches Wissen und politische Einstellungen eines Menschen maßgeblich mitgeformt. Die offensichtlichsten Agenten der politischen Sozialisation sind Eltern und Familie, Schule und Lehrer, Peergroups und Massenmedien. Darüber hinaus spielen aber auch soziale und politische Organisationen und nicht zuletzt die Politik selbst, also politische Parteien, politische Ereignisse oder das Handeln einzelner Politiker, eine wichtige Rolle.[64] Die vielen beteiligten Sozialisationsinstanzen können sich in ihrer Wirkung gegenseitig ergänzen, verstärken oder auch miteinander konkurrieren.[65] Welche Rolle bestimmte Sozialisationsinstanzen für den Einzel-

---

[60] Wasmund, 1982a, 27
[61] Dawson / Prewitt / Dawson, 1977, 112
[62] Dawson / Prewitt / Dawson, 1977, 112
[63] Claußen, 1996, 26
[64] Almond / Powell / Mundt, 1996, 55-56; Greenstein, 1965, 13; Wasmund, 1982a, 26
[65] Behrmann, 1972, 350

nen spielen, hängt unter anderem von den individuellen Lebensumständen sowie von der jeweiligen Lebensphase ab.[66]

Im Folgenden wird näher auf die Rolle einzelner Sozialisationsagenten in der politischen Sozialisation von Kindern eingegangen. Die Darstellung beschränkt sich auf diejenigen Instanzen, die in der Kindheit besonders zentral sind – Familie, Schule und Massenmedien –, und bezieht sich nur auf kindheitsrelevante Aspekte. Es wird folglich nicht der Anspruch erhoben, einen vollständigen Überblick über die politische Sozialisationsforschung zu geben.

3.2.1 Politische Sozialisation in der Familie

Die Familie ist in der Kindheit die zentrale Sozialisationsinstanz. Da Eltern und auch Geschwister die ersten und wichtigsten Bezugspersonen eines Kindes sind, sind sie vorerst die Hauptquelle sozialen Lernens. In der Familie erfährt ein Kind soziale Werte, Normen und Verhaltensmaßstäbe. Es entstehen Grundlagen, die für die weitere Persönlichkeitsentwicklung entscheidend sind.[67]

Schon von frühester Kindheit an wirkt die Familie auch auf die *politische* Sozialisation eines Kindes ein. Bei kleineren Kindern geschieht dies in erster Linie auf dem Weg der *latenten* politischen Beeinflussung. Elemente, die hierbei eine Rolle spielen, sind unter anderem Erziehungsstil, Familienklima, Sozialstruktur oder Autoritätsumgang innerhalb der Familie.[68] Zudem finden aber auch *manifeste* politische Sozialisationsprozesse in der Familie statt. Dabei handelt es sich um die Einflüsse des politischen Familienmilieus auf die politische Persönlichkeit des Kindes.[69] Beispiele hierfür wären, dass der Vater dem Kind einen politischen Sachverhalt erklärt oder dass er beim Fernsehen beiläufig Bemerkungen über einen bestimmten Politiker macht.

---

[66] Wasmund, 1982a, 26
[67] Wasmund, 1982a, 24-26; Wingen, 1978, 13 / 17
[68] Wasmund, 1982a, 41
[69] Geißler, 1996, 56

3.2.1.1 Latente politische Sozialisation in der Familie

Allgemeine Persönlichkeitsentwicklung

In erster Linie kommt der Familie die wesentliche Funktion der Ausprägung der grundlegenden kindlichen Persönlichkeit zu.[70] Dadurch beeinflusst die Familie indirekt die politische Sozialisation, denn die politische Persönlichkeit eines Menschen hängt von seinen allgemeinen Persönlichkeitsmerkmalen ab.[71] So ist beispielsweise die Bereitschaft zur politischen Partizipation abhängig von Persönlichkeitsfaktoren wie Selbstvertrauen, Kompetenzgefühl, Dominanz oder Merkmalen der Entfremdung. Ebenso bestehen Zusammenhänge zwischen politischer Toleranz und dem Selbstwertgefühl.[72] So können die in der Kindheit angelegten Persönlichkeitsmerkmale verschiedene Dimensionen der politischen Persönlichkeit beeinflussen. Zu dieser Art latenter politischer Sozialisation durch die Familie entstand ein ganzer Forschungszweig: Die Autoritarismusforschung untersucht die Entstehung der „autoritären Persönlichkeit", die als Grundlage für den Faschismus gilt. Diese Persönlichkeitsstruktur wird in der Familie geprägt, sie entwickelt sich abhängig vom Familienklima, der familiären Autoritätsstruktur und Erziehungsformen.[73]

Auch generelle Überzeugungen und Weltanschauungen, die in der Persönlichkeit verankert sind, üben latenten Einfluss auf die politische Identität aus. Grundhaltungen gegenüber der Welt, den Menschen und der eigenen Person, die auf bestimmte familiäre Erziehungsformen oder auf direkte Übertragung von den Eltern auf das Kind zurückzuführen sind, können auf den politischen Bereich generalisiert werden. Ein Kind, das in der Primärsozialisation ein allgemeines Misstrauen gegenüber anderen Menschen entwickelt, wird später auch wahrscheinlicher politischen Zynismus ausprägen.[74]

Soziale Strukturen in der Familie

Die soziale Struktur innerhalb der Familie ist die erste Sozialstruktur, die ein Kind kennen lernt. Einer der wichtigsten latenten Einflüsse auf die politische Sozialisation ist dabei die Prägung von Einstellungen und Verhaltensformen

---

[70] Hainke, 1970, 25; Wingen, 1978, 13
[71] Geißler, 1996, 61
[72] vgl. Forschungsüberblick bei Geißler, 1996, 61-62 und Wasmund, 1982a, 43
[73] Schäfers / Weiß, 1983, 9; vgl. Forschungsüberblick bei Geißler, 1996, 59-60 und Wasmund, 1982a, 42
[74] Renshon, 1975, 68-69 / 74-78; vgl. Forschungsüberblick bei Wasmund, 1982a, 43-44

gegenüber Autoritätspersonen. Im Rahmen der Familie wird der Umgang mit Autorität erlernt und später von familiären auf politische Autoritäten übertragen.[75] Autoritätsverhältnisse, die ein Kind von klein auf in der Familie erfährt, sind somit Vorläufer von und Modell für spätere politische Beziehungen.[76]

Neben dem Lernen des Umgangs mit Autorität findet in der Familie auch Erfahrungslernen statt, das latenten Einfluss auf die politische Sozialisation ausüben kann. Dazu gehört unter anderem, inwieweit ein Kind in seiner Familie Möglichkeiten zur Mitbestimmung und Partizipation an Entscheidungsfindungen bekommt. Wenn solche Möglichkeiten schon im Kindesalter gegeben sind, kann dies Fähigkeiten fördern, die auch für spätere politische Teilnahme erforderlich sind.[77] Ein weiteres Beispiel wäre das Ausmaß, in dem in einer Familie offener Meinungsaustausch stattfindet und Eltern ihr Kind dazu ermuntern, eine eigene begründete Meinung zu vertreten.[78]

3.2.1.2 Manifeste politische Sozialisation in der Familie

Politische Kommunikation und Erziehung in der Familie

Natürlich hängt die politische Persönlichkeit, die sich bei einem Kind entwickelt, auch davon ab, inwieweit es überhaupt mit Politik in Berührung kommt. Manifeste politische Sozialisation kann eher in Familien wirksam werden, in denen Politik thematisiert wird und nicht vollständig aus dem Gespräch ausgeschlossen wird. Obwohl Politik in der Mehrheit der Familien kein zentrales Gesprächsthema ist, gelangt sie – vor allem über die Medien – in fast alle Familien hinein und wird zumindest gelegentlich thematisiert. In Familien oberer Sozialschichten wird häufiger über Politik gesprochen als in Familien unterer Sozialschichten. Anlass politischer Gespräche oder Diskussionen in der Familie können aktuelle politische Ereignisse sein, die aus den Medien aufgenommen werden. Interessanterweise finden politische Gespräche nicht nur auf Initiative der Eltern statt, sondern werden häufig durch die Kinder selbst initiiert.[79]

---

[75] vgl. Kapitel 3.1.2.2
[76] Almond / Powell / Mundt, 1996, 51; Greenstein, 1965, 3; Hess / Easton, 1960, 633-634 / 643-644
[77] Almond / Powell / Mundt, 1996, 51-52
[78] Wasmund, 1982a, 39
[79] vgl. Forschungsüberblick bei Geißler, 1996, 54-55 und Wasmund, 1982a, 34-36

Eine bewusste und gezielte politische Erziehung findet in Familien kaum statt. Denn in der Regel sehen Eltern die politische Bildung und die Erziehung ihrer Kinder zu politisch mündigen Bürgern nicht als zentrales Erziehungsziel. Auch diesbezüglich zeigt sich, dass Eltern höherer sozialer Schichten eher zur politischen Erziehung bereit sind als Eltern aus unteren Schichten.[80]

Beeinflussung politischer Persönlichkeitsmerkmale

Von den Elementen der politischen Persönlichkeit, die *manifest* durch die Familie beeinflusst werden können, wurden vor allem Parteipräferenzen, Meinungen zu spezifischen politischen Fragen und Dispositionen zur politischen Teilnahme empirisch untersucht. Zum Einfluss der Familie auf politisches Wissen gibt es keine bekannten Studien.

Die Entstehung von Dispositionen zur politischen Teilnahme, also politisches Interesse, politische Kompetenz und politische Partizipationsbereitschaft, wird relativ stark durch die Familie beeinflusst. Je höher der manifeste politische Aktivierungsgehalt im Elternhaus ist, das bedeutet je interessierter, gesprächsbereiter und aktiver die Eltern bezüglich Politik sind, desto interessierter und aktivitätsbereiter sind auch die Kinder.[81]

Dass die Entstehung *allgemeiner* Grundhaltungen stark durch die Familie gelenkt wird, wurde im Rahmen der latenten politischen Sozialisation bereits angesprochen.[82] Explizit *politische* Grundhaltungen und Grundüberzeugungen können unter Umständen auch *direkt* von Eltern auf ihre Kinder übertragen werden. Überraschenderweise werden *allgemeine* Haltungen gegenüber der Politik, wie zum Beispiel politischer Zynismus, nicht unbedingt von Eltern an ihre Kinder weitergegeben. Wahrscheinlicher ist eine intergenerationelle Übertragung bei Orientierungen gegenüber *spezifischen* politischen Objekten, die in der Familie häufig und deutlich artikuliert werden. Dies könnte beispielsweise eine Zuneigung oder Feindseligkeit gegenüber einem bestimmten Politiker sein.[83] Geht es um Meinungen zu spezifischen politischen Fragen, so kann der manifeste Einfluss der Familie sehr stark variieren. Bei konkreten Themen, die in der Familie diskutiert werden und bei

---

[80] Geißler, 1996, 55; Kuhn, 2000, 103; Wasmund, 1982a, 35
[81] vgl. Forschungsüberblick bei Geißler, 1996, 57
[82] vgl. Kapitel 3.2.1.1
[83] Jennings / Niemi, 1968, 177-179

denen die Eltern klare Ansichten vertreten, können elterliche Meinungen sehr leicht auf die Kinder übertragen werden. Je abstrakter und je weniger persönlich relevant die Themen sind, desto geringer sind die Zusammenhänge.[84] Eine politische Orientierung, die sehr stark durch manifeste Einflüsse der Familie geprägt wird, ist die Parteibindung. Viele Studien belegen, dass nicht nur Heranwachsende, sondern auch Erwachsene häufig mit der Parteiidentifikation ihrer Eltern übereinstimmen. Die entgegengesetzte parteipolitische Richtung bevorzugen nur äußerst wenige. Aus der hohen Übereinstimmung ziehen die Autoren den Schluss, dass Parteipräferenzen oftmals von einer Generation an die nächste weitergegeben werden.[85] Ebenso wurden bei Präferenzen gegenüber speziellen Politikern hohe intrafamiliale Übereinstimmungsgrade festgestellt. Ein Grund dafür, warum gerade Parteipräferenzen, Wählerverhalten und Präferenzen gegenüber Politikern leicht von Eltern auf Kinder übertragen werden, liegt darin, dass solche Orientierungen der Eltern sehr einfach und konkret sind und im Vergleich zu anderen politischen Einstellungen wahrscheinlich offenkundiger und leichter wahrnehmbar sind. Zudem sind sie in der Regel relativ stabil, was dem Kind eine direkte Übernahme erleichtert.[86]

3.2.1.3 Fazit zur politischen Sozialisation in der Familie

Über den latenten Einfluss der Familie in der politischen Sozialisation von Kindern besteht kein Zweifel. Auf jeden Fall findet in der Familie eine vorpolitische Prägung der Persönlichkeit, der grundlegenden Weltauffassungen, Verhaltensformen und Fähigkeiten des Kindes statt. Unpolitisches Lernen in der Familie hat dadurch auf latenter Ebene Folgen für die politische Persönlichkeitsentwicklung. Ihre manifesten politischen Sozialisationswirkungen sind nicht so eindeutig, aber die Einflusschancen sind auch in diesem Bereich beträchtlich. Ob diese genutzt werden, hängt von der einzelnen Familie beziehungsweise den Eltern, dem individuellen Sozialisanden und den potentiellen Sozialisationsinhalten ab.

---

[84] vgl. Forschungsüberblick bei Geißler, 1980, 491 und Geißler, 1996, 58-59; Jennings / Niemi, 1968, 174-175 / 177 / 179-180 / 183

[85] vgl. Forschungsüberblick bei Geißler, 1980, 490 und Geißler, 1996, 57; Jennings / Niemi, 1968, 172-174

[86] vgl. Forschungsüberblick bei Wasmund, 1982a, 49

Insgesamt ist die Familie von großer Bedeutung für die politische Sozialisation, man kann aber genau genommen nicht vom Einfluss *der* Familie an sich sprechen, da in jeder Familie individuelle Bedingungen politischer Sozialisation gegeben sind.[87]

3.2.2 Politische Sozialisation in der Schule

Die allgemeine sozialisatorische Bedeutung der Schule ist sehr groß, da die Schule stark zur Persönlichkeitsentwicklung von Kindern beiträgt.[88] Ihre Hauptfunktion ist aber die Vermittlung von Sachwissen.[89]

Der Schule werden auch Aufgaben der *politischen* Sozialisation zugewiesen. Zumindest sollte die Schule das grundlegende Ziel erreichen, den Schülern politische Kenntnisse und damit die Fähigkeit zu vermitteln, politische Prozesse und Entscheidungen kritisch zu beurteilen. Auch sollen Schüler in der Schule lernen, sich mit demokratischen Werten zu identifizieren, und die Bereitschaft erwerben, das politische System aktiv zu unterstützen.[90] In zweifacher Hinsicht trägt die Schule zur politischen Sozialisation Heranwachsender bei: Auf der einen Seite sozialisiert sie in der manifesten Form von intentionaler politischer und sozialer Wissensvermittlung. Auf der anderen Seite trägt die Schule auch latent zur politischen Sozialisation bei, indem Sozialerziehung als fächerübergreifendes Unterrichtsprinzip gilt. Es werden soziale und demokratische Werte vermittelt und Verhaltensweisen eingeübt. Dabei spricht man vom „heimlichen Lehrplan".[91] Als dritter schulischer Sozialisationsaspekt kommt hinzu, dass das politische Interesse, das politische Wissen und die politischen Einstellungen einer Person generell von ihrem Bildungsniveau abhängen.[92]

Ob es der Schule gelingt, Kinder und Jugendliche zu politisch mündigen und selbstbestimmten Menschen zu erziehen, ist jedoch nicht vollständig geklärt. Zu dieser Frage liegen widersprüchliche Forschungsergebnisse vor.[93] In den meisten Studien zum schulischen Einfluss wurden Jugendliche untersucht.

---

[87] Wasmund, 1982a, 54 / 57
[88] Kandzora, 1996, 75; Wasmund, 1982b, 64
[89] Hainke, 1970, 26
[90] Wasmund, 1982b, 64-65
[91] Düring, 1968, 19-21; Kandzora, 1996, 71-72; Ziegler, 1988, 12-13
[92] Kuhn, 2000, 59
[93] Wasmund, 1982b, 67

3.2.2.1 Allgemeiner politischer Einfluss von Schulbildung

Grundsätzlich unterscheiden sich Menschen unterschiedlicher Schulbildung in ihrer politischen Persönlichkeit. Das heißt, der Grad der Schulbildung einer Person wirkt sich – auch unabhängig vom heimlichen Lehrplan und vom Politikunterricht – auf ihre politischen Orientierungen aus. Aus Untersuchungen ist bekannt, dass Erwachsene wie auch Heranwachsende mit höherer Schulbildung größeres politisches Interesse haben und besser über Politik informiert sind, positivere politische Grundhaltungen haben und höhere politische Partizipationsbereitschaft zeigen als Personen mit niedrigerer Schulbildung.[94]

3.2.2.2 Latente politische Sozialisation durch den heimlichen Lehrplan

In jeder Schule findet – ob gewollt oder ungewollt – politische Sozialisation in latenter Form statt. In jeder Schule wird nämlich Politik praktiziert: Nicht nur Lehrplaninhalte und manifester Politikunterricht sind maßgebend, sondern auch indirektes politisches Lernen durch Strukturen, Abläufe und Organisationsformen der Institution Schule. In der Schule müssen sich die Schüler in bestimmte hierarchische Strukturen einordnen, sie lernen den Umgang mit außerfamilialen Autoritätspersonen und Mitschülern kennen und üben gesellschaftliche Abläufe ein. Je nach Gestaltung des schulischen Lebens können sie in der Schule mehr oder weniger demokratische Werte erlernen und haben mehr oder weniger Möglichkeiten, mitzubestimmen und Verantwortung zu übernehmen. Durch ihre täglichen Erfahrungen werden die Schüler in ihrer politischen Entwicklung geprägt. Der heimliche Lehrplan hat indirekte politische Erziehungseffekte, weil er die politische Persönlichkeit und politische Handlungsweisen der Schüler wie auch ihre Fähigkeiten, später aktiv die Rolle eines demokratischen, mündigen Bürgers einzunehmen, prägt.[95]

Das Ausmaß, in dem Macht-, Organisations- und Arbeitsstrukturen in einer Schule oder Schulklasse demokratisch sind, kann die Entwicklung positiver politischer Orientierungen begünstigen beziehungsweise behindern.[96] Mehrere Studien ergaben, dass demokratische Unterrichtsformen, in denen aktive Beteiligung und Verantwortungsübernahme der Schüler ermöglicht und gefördert wird, politische Kompetenz, politisches Vertrauen und das Gefühl

---

[94] vgl. Forschungsüberblick bei Kuhn, 2000, 58 und Wasmund, 1982b, 66-67
[95] Kandzora, 1996, 71
[96] Ehman, 1979, 268; Kandzora, 1996, 71

politischer Wirksamkeit begünstigen. Es zeigt sich auch, dass ein offenes Klassenklima, in dem Meinungsaustausch und die Diskussion kontroverser Streitfragen stattfinden und der Lehrer politisch engagiert ist, positive Wirkung auf mehrere wünschenswerte politische Orientierungen hat: Schüler, die in einer offenen Atmosphäre unterrichtet werden, entwickeln höheres politisches Interesse, ein ausgeprägtes staatsbürgerliches Verantwortungsbewusstsein, mehr Toleranz, Kritikbereitschaft, politisches Kompetenzgefühl und Teilnahmebereitschaft, dafür weniger politischen Zynismus.[97] Zum Teil ist diese Form indirekten politischen Lernens dem Erfahrungslernen zuzuordnen. Das heißt, es werden Verhaltensweisen geübt, die später in politischen Zusammenhängen wichtig werden.[98]

3.2.2.3 Manifeste politische Sozialisation durch politischen Unterricht

Der heimliche Lehrplan der Schule muss durch tatsächliche politische Lehrplaninhalte, also einen eigenen politischen Unterrichtsbereich und manifeste politische Wissensvermittlung ergänzt werden.[99] Politische Bildung wird in den einzelnen deutschen Bundesländern mit unterschiedlichen Konzeptionen und unter unterschiedlichen Bezeichnungen als Schulfach praktiziert.[100] Allerdings nimmt der Politikunterricht im Stundenplan nur eine Randstellung ein. In der Regel wird nicht kontinuierlich und nur einstündig unterrichtet.[101]

Wirksamkeit von Politikunterricht

Die empirischen Studien zur manifesten politischen Sozialisation in der Schule überprüfen in der Regel die Effektivität von Politikunterricht. Die vorliegenden Ergebnisse sind beim aktuellen Forschungsstand aber nicht verallgemeinerbar. Nach der Mehrheit der Studien erfüllt der Politikunterricht *nicht* die hohen Erwartungen, die man an ihn stellt, sondern ist eher unzureichend wirksam. Sowohl ausländische als auch deutsche Forschungsarbeiten ergaben, dass der Schule die Vermittlung politischen Basiswissens und Bewusstseins oft nicht oder nur unvollständig gelingt.[102] „Politische Informationsrückstände, mangelndes Konfliktverständnis und demokratisches Bewußt-

---

[97] vgl. Forschungsüberblick bei Wasmund, 1982b, 73
[98] vgl. Kapitel 3.1.2.2
[99] Ziegler, 1988, 12
[100] Ackermann, 1996, 92
[101] Ackermann, 2002, 451
[102] vgl. Forschungsüberblick bei Wasmund, 1982b, 65

sein, verbunden mit einer nur oberflächlichen Identifizierung mit dem demokratischen System und einer geringen Bereitschaft zum politischen Engagement, finden sich am häufigsten bei bildungsmäßig benachteiligten Jugend-
lichen, also Haupt- und Berufsschülern, häufig aber auch bei Realschülern.
Gymnasiasten schneiden bei Vergleichen dagegen am besten ab."[103] Statt-
dessen übt der politische Unterricht hauptsächlich die Funktion aus, die
familiäre politische Sozialisation zu verstärken: Nur bei Schülern aus politisch
interessierten Elternhäusern trägt ein guter Unterricht zum Beispiel noch zu
einer Erhöhung des Politikinteresses und der Teilnahmebereitschaft bei.[104]
Problematisch an vielen Untersuchungen auf diesem Gebiet ist, dass die
spezifischen Merkmale des jeweiligen Unterrichts und die Bedingungen des
politischen Lernens nicht differenziert betrachtet werden. Die meisten Untersuchungen fragen nur, welche politischen Inhalte die Schüler aufnehmen.
Deshalb sind die Befunde mit Vorsicht zu behandeln.[105] Falsch wäre es auf
jeden Fall, aus den negativen Ergebnissen darauf zu schließen, dass die
Schule als Instanz der politischen Bildung *grundsätzlich* einflusslos ist. Die
potentiellen Einflusschancen der Schule in der politischen Bildung sind bisher
noch nicht ausgeschöpft.[106] EHMAN (1979) kommt nach seinem Forschungsüberblick zu dem Schluss, dass eine systematische und sorgfältige Lehrplan-
gestaltung zu einer bemerkenswerten Wissensvermittlung führen *kann*.[107]
Nicht zuletzt tragen die mangelhaften Rahmenbedingungen des Politikunterrichts zu dessen Ineffektivität bei. Vor allem ein früherer Beginn, eine höhere
Stundenanzahl oder höhere Kontinuität des Politikunterrichts könnten seine
Wirksamkeit deutlich erhöhen.[108]

Beeinflussung politischer Einstellungen durch Politikunterricht

Man ist sich einig, dass die Schule unter guten Bedingungen in der Lage sein
kann, politisches *Wissen* zu vermitteln. Nicht hinreichend geklärt ist die
Frage, inwieweit Politikunterricht politische *Einstellungen* und Meinungen der
Schüler formen und verändern kann.[109] Die Mehrheit der empirischen Studien

---

[103] Wasmund, 1982b, 65
[104] vgl. Forschungsüberblick bei Wasmund, 1982b, 67-68
[105] Wasmund, 1982b, 77-78; Ackermann, 1996, 91 / 93
[106] Wasmund, 1982b, 67 / 76 / 78
[107] Ehman, 1979, 268
[108] Ackermann, 1996, 98; Wasmund, 1982b, 75
[109] Ackermann, 1996, 96; Wasmund, 1982b, 69

konnte keinen Einfluss des politischen Unterrichts auf politische Einstellungen der Schüler nachweisen. Chancen zur Einstellungsbeeinflussung bestehen unter Umständen dann, wenn besondere Unterrichtsmethoden angewandt werden. Aber selbst mit gezielten didaktischen Bemühungen gelingt es oft nicht, die schon bestehenden Einstellungen der Heranwachsenden zu beeinflussen.[110] Einige Untersuchungen kommen aber auch zum gegenteiligen Ergebnis, dass der Politikunterricht beziehungsweise der Lehrer einen gewissen Einfluss auf politische Einstellungen der Schüler hat. Dies ist vor allem bei Kindern und Jugendlichen aus Familien der unteren sozialen Schichten der Fall.[111] In der Regel sind die Lehrinhalte des Politikunterrichts aber nur wenig relevant für die Beeinflussung politischer Einstellungen.[112] Entscheidend sind in diesem Bereich eher das Schul- und Klassenklima und der heimliche Lehrplan.[113]

Um den Politikunterricht effektiver zu machen, plädieren einige Autoren dafür, gesellschaftlich-politisches Lernen verstärkt schon in der Grundschule einzuführen, zum Beispiel als eigenen Lehrbereich im Rahmen des Sachunterrichts.[114] BECK (1974) vermutet sogar, dass die bisher fehlende oder sehr mangelhafte Grundlagenschaffung in der Grundschule eine Ursache für die Ineffektivität des Politikunterrichts in den höheren Klassenstufen sein könnte.[115] Zwar haben die meisten Bundesländer die Forderung nach politischen Lerninhalten und Problemstellungen in der Primarstufe berücksichtigt und Konsequenzen für ihre Richtlinien und Lehrpläne gezogen.[116] Aber die Chancen, die die Grundschule für die politische Bildung bietet, werden bisher nur wenig genutzt.[117]

3.2.2.4 Fazit zur politischen Sozialisation in der Schule

Die Schule spielt auch im politischen Bereich eine Rolle als Sozialisationsinstanz. Die empirischen Forschungsergebnisse sind zwar uneinheitlich, sprechen aber dafür, dass der Politikunterricht politisches Wissen vermitteln

---

[110] Ehman, 1979, 257 / 259; vgl. Forschungsüberblick bei Wasmund, 1982b, 69
[111] vgl. Forschungsüberblick bei Wasmund, 1982b, 69
[112] Ehman, 1979, 268; Stimpel, 1970, 123-124 / 128-129
[113] vgl. Kapitel 3.2.2.2
[114] Beck, 1974, 6; Wasmund, 1982b, 80
[115] Beck, 1974, 6
[116] Ackermann, 1996, 97; Beck, 1974, 6; Wasmund, 1982b, 80
[117] Ackermann, 1996, 97-98

kann, was bisher allerdings nur unzureichend erfüllt wird. Politische Einstellungen dagegen werden eher durch den heimlichen Lehrplan geprägt. Der heimliche Lehrplan kann auch Einfluss auf politische Handlungsdispositionen, wie politisches Interesse und politische Handlungsbereitschaft, nehmen. Diese werden aber im Allgemeinen stärker von außerschulischen Einflüssen geprägt. Insgesamt kann man von politischen Sozialisationsbeiträgen der Schule ausgehen, sollte ihre Effekte aber nicht überschätzen und keine übertriebenen Erwartungen an sie stellen.[118]

3.2.3 Politische Sozialisation durch Massenmedien

Die Massenmedien und in erster Linie das Fernsehen spielen in der Kindheitssozialisation schon früh eine Rolle. In der Auseinandersetzung mit Medieninhalten lernen Kinder sehr viel: Die Medien liefern Informationen, prägen Realitätsvorstellungen, vermitteln Werte, Normen und Einstellungen und bieten Rollen- und Handlungsvorbilder an.[119]

Gerade bei der *politischen* Sozialisation spielen Medien eine zentrale Rolle, da Politik außerhalb des unmittelbaren Erfahrungsbereichs liegt. Deshalb findet politisches Lernen zu einem großen Teil über Massenmedien statt, die man überspitzt als die „neuen Eltern" beim politischen Lernen bezeichnet.[120] Betrachtet man die politische Sozialisationswirkung von Massenmedien, so muss aber nach Medieninhalten differenziert werden.[121] Politisches Bewusstsein und politische Orientierungen werden nicht nur manifest durch politische Medieninhalte im engeren Sinn wie Nachrichten oder Informationsangebote beeinflusst, sondern auch latent durch Medieninhalte wie Unterhaltung, Werbung oder Lebenshilfe, die auf den ersten Blick unpolitisch sind.[122]

Dass Kinder durch Medien politische Grundinformationen erhalten, also beispielsweise politische Akteure oder unterschiedliche Parteien kennen lernen und aktuelle politische Ereignisse wahrnehmen, ist nahe liegend. Auch dass die Medien allgemeine Vorstellungen von der politischen Wirklichkeit formen, indem sie bestimmte Themen und Ereignisse aus der politischen Realität

---

[118] Ackermann, 1996, 91
[119] Almond / Powell / Mundt, 1996, 55; Kuhn, 2000, 67; Röhner, 1978, 72; Schorb / Mohn / Theunert, 1991, 495; Spieker, 1982, 185
[120] Chaffee, 1979, 190; Geißler, 1982, 84; Kuhn, 2000, 17
[121] Holtz-Bacha, 1988, 494; Kuhn, 2000, 105 / 109 / 111
[122] Geißler, 1982, 84; Holtz-Bacha, 1988, 494; Kuhn, 2000, 105 / 109 / 111

selektieren und in einer bestimmten Weise darstellen.[123] Über den Medieneinfluss auf politische Einstellungen sind sich die Forscher dagegen nicht einig. Im Allgemeinen geht man von einem relativ geringen Einfluss der Medien auf Einstellungen aus, da Medien zwar vorhandene Einstellungen verstärken, sie aber nicht von Grund auf ändern.[124] Bei Kindern ist direktes Lernen politischer Einstellungen durch Medien aber durchaus möglich, da ihr Weltbild und ihre Einstellungen erst im Aufbau sind.[125] Der Einfluss der Medien auf die politische Persönlichkeitsentwicklung von *Kindern* wurde bislang kaum untersucht.[126]

3.2.3.1 Manifeste politische Sozialisation durch Medieninformation

Von politisch informierenden Medieninhalten sind stärkere politische Sozialisationseinflüsse zu erwarten als vom Unterhaltungsangebot, weil ihre Aussagen *direkt* auf politisches Lernen einwirken. Besonders was das Fernsehen betrifft, ist jedoch umstritten, ob politische Medieninformation positive oder negative Effekte für die politische Sozialisation hat.[127] Gegen die weit verbreiteten Annahmen dysfunktionaler Effekte sprechen die deutschen Studien mit Erwachsenen. Diese zeigen, dass die Nutzung politischer Fernsehinformation die politische Persönlichkeitsentwicklung *positiv* beeinflusst: Regelmäßiger Konsum politischer Information im Fernsehen kann das politische Interesse, das Gefühl subjektiver politischer Wirksamkeit sowie die politische Partizipationsbereitschaft steigern.[128] Was die Information in der Zeitung betrifft, so sind sich amerikanische und deutsche Forscher darüber einig, dass sie für die politischen Orientierungen Erwachsener förderlich ist und politischer Entfremdung entgegen wirkt. Zeitungsnutzung hängt positiv mit politischem Interesse, politischem Wissen, politischem Kompetenz- und Effektivitätsgefühl sowie politischer Partizipationsbereitschaft zusammen.[129]

---

[123] Bonfadelli, 1999, 223-224; Geißler, 1982, 96-97; Kevenhörster, 2003, 95; Kuhn, 2000, 17; Röhner, 1978, 75; Sarcinelli, 1990, 26-27

[124] Bonfadelli, 1999, 29-30; Kuhn, 2000, 70-71; Schorb / Mohn / Theunert, 1991, 499

[125] Chaffee / Ward / Tipton, 1973, 472-473

[126] Chaffee, 1979, 197-198; Conway / Wyckoff / Feldbaum / Ahern, 1981, 164; Geißler, 1982, 98-100; Rubin, 1978, 125

[127] Kuhn, 2000, 78 / 99

[128] vgl. Forschungsüberblick bei Kuhn, 2000, 103 / 105 / 108 / 113-117

[129] vgl. Forschungsüberblick bei Kuhn, 2000, 128-129 / 132-133

Politische Mediennutzung durch Kinder

Kinder werden schon früh mit politischen Medieninhalten konfrontiert. Im Jahr 2004 sahen täglich rund 170.000 der drei- bis 13-jährigen Kinder in Deutschland die „Tagesschau", was einem Marktanteil von 11,2% entspricht. Die Nachrichtensendung „Heute" hatte mit durchschnittlich rund 60.000 drei- bis 13-jährigen Zuschauern 4,4% Marktanteil.[130] Zur politischen Zeitungsnutzung durch Kinder liegen keine ausreichenden Daten vor. Die ARD/ZDF-Studie „Kinder und Medien 2003" ergab zwar, dass im Jahr 2003 8% der Sechs- bis 13-Jährigen in Deutschland „jeden oder fast jeden Tag" und weitere 20% „ein- oder mehrmals pro Woche" Zeitung lasen.[131] Daraus geht jedoch nicht hervor, inwieweit die Kinder auch politische Inhalte beachten.

Zwar wählen Kinder auch die Fernsehnachrichten nicht immer gezielt und interessengeleitet aus, sondern sehen sie oft nur zufällig, weil sie beim „Zappen" durch die Programme darauf stoßen oder weil sie gemeinsam mit den Eltern fernsehen.[132] Fest steht aber, dass viele Kinder politische Medienangebote – zumindest im Fernsehen – aufnehmen. Daher ist auch ein Einfluss zu erwarten. Zur Beziehung zwischen politischer Mediennutzung und politischen Persönlichkeitsmerkmalen gibt es einzelne empirische Studien aus den USA, die auch Kinder in der Stichprobe haben. Die Ergebnisse dieser Studien werden im Folgenden vorgestellt.

Medieninformation und politisches Wissen

Politisches Lernen durch Medien liegt hauptsächlich im Erwerb politischer Kenntnisse. Obwohl man vermuten könnte, dass politische Medieninformation bei Kindern eher Verwirrung stiftet, zeigen Studien, dass Kinder durch sie lernen und politisches Wissen erwerben. Das Fernsehen ist sogar eine der wichtigsten Quellen politischer Kenntnisse in der Kindheit.[133] Kinder und Jugendliche, die häufiger das politische Informationsangebot des Fernsehens nutzen, haben einen höheren politischen Wissensstand als Heranwachsende,

---

[130] AGF / GfK (Fernsehforschung), 2004
   Bei den Daten zur „Tagesschau" handelt es sich um die zusammengefassten Werte der Sender Das Erste, Dritte Programme, 3sat und Phoenix, bei den Daten zu „Heute" um die zusammengefassten Werte der Sender ZDF und 3sat.
[131] Kuchenbuch / Simon, 2004, 443-444
[132] Egan, 1978, 340-341; Atkin / Gantz, 1979, 27-28; Theunert / Schorb, 1995, 37-40 / 51 / 55
[133] Dominick, 1972, 51-52 / 55; Garramone / Atkin, 1986, 76 / 83-84

die dieses Angebot nicht nutzen. Amerikanische Forscher stellten fest, dass die Häufigkeit der Nutzung von Fernsehnachrichten schon bei Kindern im Kindergartenalter positiv mit ihrem politischen Wissen korreliert. Diejenigen, die mehr politische Information im Fernsehen nutzen, verfügen sowohl über deutlich höheres als auch über spezifischeres Wissen bezüglich Politikern, politischer Institutionen und politischer Ereignisse. Der Zusammenhang zwischen Nachrichtennutzung und Politikkenntnis variiert in seiner Stärke abhängig vom Alter, vom politischen Interesse und von der sozialen Herkunft der Kinder.[134] Nicht nur Fernsehen, sondern auch das Lesen politischer Zeitungsberichte hat bei Kindern eine Zunahme politischen Wissens zur Folge. Es fanden sich starke Zusammenhänge zwischen der Nutzungshäufigkeit von Zeitungsnachrichten und dem Grad des Wissens über Politiker, politische Institutionen, Parteien und Wahlprozesse.[135]

Ein problematischer Aspekt der meisten dieser Studien ist die Richtung der Kausalbeziehung zwischen politischem Wissen und politischer Informationsnutzung der Medien: Es ist nicht eindeutig zu sagen, ob die Mediennutzung Ursache oder Wirkung des politischen Wissens ist.[136] Wahrscheinlich ist eine wechselseitige Beeinflussung: Politische Mediennutzung fördert politisches Wissen und politisches Wissen fördert wiederum die Zuwendung zu politischen Medienangeboten.[137]

Medieninformation und politische Einstellungen

Nicht nur bezüglich des Wissensstandes, sondern auch bezüglich politischer Einstellungen kann politische Mediennutzung bei Kindern Einfluss ausüben. So haben Heranwachsende, die mehr Nachrichten- und informierende Fernsehprogramme sehen, positivere Einstellungen gegenüber der Regierung. Sie zeigen mehr Vertrauen in die amerikanische Regierung und weniger politischen Zynismus.[138] Auch die Unterstützung des politischen Wahl- und Parteiensystems hängt bei Kindern mit der Nutzung von Nachrichtenmedien zusammen. Es zeigte sich, dass sich die Nachrichtenmediennutzung sowohl

---

[134] Atkin / Gantz, 1979, 29
[135] Chaffee / Ward / Tipton, 1973, 486-487; Conway / Wyckoff / Feldbaum / Ahern, 1981, 168-170 / 174-175
[136] Atkin / Gantz, 1979, 28; Kuhn, 2000, 112-113
[137] Conway / Wyckoff / Feldbaum / Ahern, 1981, 168-169
[138] Rubin, 1978, 129

direkt, vor allem aber auch indirekt über politisches Wissen auf kindliche Einstellungen auswirkt. Medien wirken bei Kindern also nicht nur verstärkend auf politische Einstellungen, sondern können auch einstellungsbildend sein.[139]

Medieninformation und politisches Interesse

Politische Nachrichten können bei Kindern das Interesse für und die Auseinandersetzung mit politischem Geschehen fördern.[140] Es gibt einige Forschungsergebnisse, die darauf hinweisen, dass zwischen der Nutzung von Fernsehnachrichten und dem politischen Interesse, das ein Kind entwickelt, ein Zusammenhang besteht. Die Nutzung von Nachrichtensendungen kann schon bei Grundschulkindern Gespräche über politische Ereignisse sowie politische Informationssuche – zum Beispiel in Form von Fragen stellen – anregen.[141]

Was dabei jeweils Ursache und was Wirkung ist, ist allerdings auch hier nicht vollständig geklärt: Es kann sowohl sein, dass das Nachrichtensehen das Interesse an aktuellen Ereignissen steigert, aber auch, dass das Interesse die Nutzung von Nachrichten zur Folge hat.[142]

3.2.3.2 Latente politische Sozialisation durch Medienunterhaltung

Im Zusammenhang mit dem Einfluss auf die politische Persönlichkeit werden neben den politisch informierenden Medieninhalten, auf die sich die Forschung fokussiert, unterhaltende Inhalte der Massenmedien als Einflussfaktoren oft vergessen. Dabei können auch sie auf die politische Persönlichkeitsentwicklung einwirken. Zur latenten politischen Sozialisation durch Medienunterhaltung liegen nur sehr wenige Forschungsergebnisse vor, in Bezug auf Kinder liegen gar keine Untersuchungen vor. Zudem beziehen sich vorhandene Studien überwiegend auf Fernsehunterhaltung.

Einfluss durch politisch relevante Medienbotschaften

Unterhaltende Mediennutzung ist nicht nur unterhaltend, sondern kann auch politisch relevante Botschaften enthalten und dadurch einen indirekten Beitrag zur politischen Identitätsbildung leisten.[143] Unterhaltende Inhalte können

---

[139] Conway / Wyckoff / Feldbaum / Ahern, 1981, 171-176
[140] Theunert / Lenssen / Schorb, 1995, 137
[141] Atkin / Gantz, 1979, 29-31
[142] Atkin / Gantz, 1979, 30
[143] Garramone / Atkin, 1986, 77; Holtz-Bacha, 1988, 493-494

politisch wirken, indem sie zur allgemeinen Realitätskonstruktion beitragen. Unter anderem vermittelt Fernsehunterhaltung häufig Geschlechtsrollen-stereotypen: Meist werden Mädchen und Frauen als unpolitisch dargestellt. Politik ist eher Männersache und für Frauen fehlen politisch interessierte und aktive Vorbilder. Solche Modelle können sich auf die politische Sozialisation von Mädchen auswirken.[144] Medienunterhaltung kann vor allem deshalb ein sehr wirksamer Agent politischer Sozialisation sein, weil sie durch ihren ver-steckten politischen Charakter auch politisch desinteressierte Rezipienten er-reichen kann.[145] Dennoch beschäftigen sich kaum Studien mit den politischen Sozialisationseffekten von Medienunterhaltung.[146] HOLTZ-BACHA (1988) nimmt an, dass mediale Unterhaltung am ehesten allgemeine politische Orientie-rungen, wie zum Beispiel Interesse oder Partizipationsbereitschaft, beeinflus-sen kann, die keine konkreten politischen Objekte betreffen.[147]

Politische Entfremdung durch unterhaltende Mediennutzung

Eine umfangreiche Unterhaltungsnutzung des Fernsehens kann auch unab-hängig vom konkreten Inhalt Einfluss auf die politische Sozialisation ausüben, indem sie den Rezipienten politisch entfremdet und gleichgültig macht.[148] Studien zufolge hängt unterhaltungsorientiertes Vielsehen negativ mit Interes-se, Wissen, Kompetenzbewusstsein und Beteiligungsbereitschaft bezüglich der Politik zusammen. Das gilt besonders stark, wenn sie eskapistisch moti-viert ist.[149] Eine Studie in diesem Bereich, die sich auch auf Kinder bezieht, beschreibt RUBIN (1978). Hier zeigte sich an neun-, 13- und 17-jährigen Schülern, dass *allgemeines* Vielsehen zumindest für den Erwerb politischen *Wissens* dysfunktional sein kann: Diejenigen befragten Kinder und Jugend-lichen, die im Allgemeinen mehr fernsehen, haben geringeres und weniger spezifisches Wissen über Politiker und politische Institutionen.[150]

---

[144] Holtz-Bacha, 1988, 494 / 497; Kuhn, 2000, 93
[145] Holtz-Bacha, 1988, 495; Kuhn, 2000, 93-94
[146] Garramone / Atkin, 1986, 77; Holtz-Bacha, 1988, 493-494
[147] Holtz-Bacha, 1988, 495
[148] Lazarsfeld / Merton, 1973, 457-458
[149] vgl. Forschungsüberblick bei Kuhn, 2000, 91 / 94-98
[150] Rubin, 1978, 128

3.2.3.3 Fazit zur politischen Sozialisation durch Massenmedien

Die politische Sozialisationswirkung der Medien hängt maßgeblich vom Inhalt der Mediennutzung ab. Zusammenfassend spricht die Befundlage für eine funktionale politische Wirkung politischer Medieninformation. Die informationsbezogene Mediennutzung kann Interesse wecken, Wissen fördern und Verhalten positiv beeinflussen. Dysfunktionale Wirkung geht von eskapistisch genutzter Medienunterhaltung in größerem Umfang aus. Die Ergebnisse zum politischen Sozialisationseffekt von unterhaltender Mediennutzung stammen allerdings aus Studien mit Erwachsenen – es ist also fraglich, inwieweit sie überhaupt auf Kinder übertragbar sind.

Zusätzlich ist zu betonen, dass gleiche Medieninhalte nicht auf jeden Rezipienten und auf jedes Kind gleich wirken. Die Wirkungen, die Medien erzeugen, hängen vom einzelnen Kind und seinen Prädispositionen, Eigenschaften und Interessen ab.[151] Zudem stehen die Massenmedien in Konkurrenz mit anderen Sozialisationsagenten, durch die Medienwirkungen aufgefangen oder verändert werden können.[152]

3.2.4 Fazit zur Rolle der Sozialisationsinstanzen

Da die unterschiedlichen Sozialisationsinstanzen parallel auf Kinder einwirken, ist es schwierig, ihre Einflüsse voneinander zu isolieren. Im Folgenden wird dennoch versucht, den Einfluss der Familie, der Schule und der Medien auf die Entwicklung politischen Interesses, politischen Wissens und politischer Einstellungen separat zusammenzufassen: Für die Entstehung **politischen Interesses** bei Kindern ist die Familie mit ihrem individuellen Politisierungsgrad die wichtigste Sozialisationsinstanz. Politisches Interesse wird in der Familie geprägt. Die Schule kann zwar auch Einfluss darauf haben, verstärkt aber meist nur die Grundlegungen der Primärsozialisation. Politische Mediennutzung kann zusätzlich dazu beitragen, Interesse für politisches Geschehen anzuregen. **Politischer Wissenserwerb** findet offenbar in erster Linie über Medieninhalte statt, zumindest spielen diese eine wichtige Rolle. Schon im Kindesalter führt die Nutzung beziehungsweise Mitnutzung politischer Medieninhalte zu grundlegenden Politikvorstellungen und Grund-

---

[151] Chaffee, 1979, 194; Röhner, 1978, 79-80
[152] Kuhn, 2000, 76; Röhner, 1978, 79-80

kenntnissen. Dabei ist das Fernsehen für Kinder die zentrale Wissensquelle, aber auch Zeitungsnutzung kann schon zu Wissenszuwachs führen. Die Hauptfunktion der Schule in der politischen Sozialisation wäre zwar ebenfalls die Vermittlung politischer Kenntnisse, diese wird aufgrund unzureichender Rahmenbedingungen allerdings nur mangelhaft erfüllt. Wahrscheinlich spielt auch die Familie eine wichtige Rolle bei der politischen Wissensvermittlung, jedoch wurde diese Verbindung kaum untersucht. **Politische Einstellungen** werden in erster Linie durch die Familie beeinflusst. Durch latente Einflüsse kann die Familie grundlegende Einstellungen gegenüber der Politik und politischen Autoritäten nachhaltig prägen. Ebenso übt die Familie manifeste politische Sozialisationseinflüsse aus, indem konkrete, deutlich wahrnehmbare Einstellungen zum Teil von Eltern auf ihre Kinder übertragen werden. Bei Kindern können politische Einstellungen durchaus auch von Medien beeinflusst werden. Die Nutzung politischer Medieninhalte kann unter Umständen sowohl direkt als auch vermittelt über politisches Wissen politische Einstellungen beeinflussen. Der Politikunterricht trägt auch einen Teil zur Entstehung politischer Einstellungen bei. Zwar ist der Politikunterricht für die Bildung oder Änderung politischer Einstellungen bei Kindern nicht maßgebend, dafür prägt aber der heimliche Lehrplan die Einstellungen.

4. Forschungsergebnisse zur politischen Persönlichkeit von Kindern

Nachdem beleuchtet wurde, unter welchen Einflüssen die politische Persönlichkeit entstehen kann, soll es im Weiteren darum gehen, wie die politische Persönlichkeit von Kindern konkret aussieht: Inwieweit haben Kinder schon Interesse für Politik und welcher Art sind ihr politisches Wissen und ihre politischen Einstellungen? Um diese Fragen zu klären, soll vorgestellt werden, was bisher konkret zum kindlichen Politikbild untersucht wurde. Dabei werden nur Forschungsarbeiten einbezogen, die Kinder in ihrer Stichprobe haben. Vorab muss noch einmal betont werden, dass auf dem Gebiet politischer Orientierungen von *Kindern* nur sehr wenige empirische Untersuchungen durchgeführt wurden. Die wenigen einschlägigen Studien, die dazu vorliegen, stammen aus den USA der sechziger und siebziger Jahre. Zwar gibt es zahlreiche Arbeiten, die sich mit dem *Prozess* der politischen Sozialisation an sich befassen, also vor allem mit dem Einfluss der Sozialisationsinstanzen, darin werden aber in der Regel keine konkreten Aussagen über die *Ergebnisse* der politischen Sozialisation getroffen.

Früher ging man davon aus, dass politisches Lernen auf den Politikunterricht in der Schule beschränkt ist. Heute ist bekannt, dass der gezielten politischen Schulerziehung schon jahrelange politische Sozialisation vorausgeht.[153] Politisches und politisch relevantes Lernen beginnt bereits vor dem Eintritt in die Grundschule.[154] Die Sozialisation vieler grundlegender politischer Orientierungen findet schon in der Kindheit statt ohne dass dies bewusst wäre oder vorsätzlich passiert.[155] Besonders in der Phase zwischen neun und 13 Jahren findet eine starke sozial-psychologische und politische Entwicklung statt. Zu Beginn haben die Kinder nur sehr grobe, umrisshafte Vorstellungen von der Politik. Mit jeder Altersstufe erweitert sich dann der politische Horizont des Kindes und politisches Bewusstsein und Wissen werden Stück für Stück ausgebaut. Meist werden zuerst auf affektiver Basis bewertende Urteile

---

[153] Rehm, 1971, 8
[154] Easton / Dennis, 1969, 4 / 74; Easton / Hess, 1962, 235; Müller, 1971, 52; Ackermann, 1996, 97
[155] Greenstein, 1965, 159-160

bezüglich politischer Objekte erworben, die dann fortlaufend durch den Erwerb komplexerer Kenntnisse ergänzt werden. Im Alter von 13 bis 14 Jahren haben Kinder bereits eine stattliche Sammlung grundlegender politischer Orientierungen erworben.[156]

4.1 Amerikanische Forschungsergebnisse

Die Zusammenfassung von Forschungsergebnissen zum politischen Weltbild von Kindern bezieht sich in erster Linie auf die klassischen amerikanischen Studien zur Entwicklung politischer Orientierungen im Kindesalter: Die Veröffentlichungen dazu stammen von EASTON UND DENNIS (1969), GREENSTEIN (1965) und HESS UND TORNEY (1967). EASTON UND DENNIS sowie HESS UND TORNEY basieren auf der so genannten Chicago-Studie, bei der Kinder der zweiten bis achten Klasse untersucht wurden. GREENSTEIN beschreibt seine New-Haven-Studie, die Kinder der vierten bis achten Klasse in der Stichprobe hat. In all diesen Untersuchungen geht es um die frühe, vor allem manifeste, politische Sozialisation in der Kindheit: Welcher Art sind die kognitiven Wahrnehmungen und die affektiven Bewertungen beziehungsweise Gefühle von Kindern gegenüber politischen Objekten? Der Forschungsüberblick wird ergänzt durch weitere Veröffentlichungen dieser Autoren und durch andere Forschungsarbeiten. Die Studie von CONNELL (1971) bezieht sich ausnahmsweise nicht auf amerikanische, sondern auf australische Kinder. Genauere Angaben zu allen vorgestellten Studien sind dem Anhang[157] zu entnehmen.

4.1.1 Politisches Interesse amerikanischer Kinder

Inwieweit Kinder überhaupt Interesse an Politik oder politischen Themen haben, wurde kaum untersucht. Nach HESS UND TORNEY (1967) haben die meisten Kinder spätestens am Ende der „elementary school" bereits ein gewisses Interesse an Politik, Regierungsangelegenheiten und aktuellem Geschehen erworben.[158] Mädchen zeigen schon von Kindheit an weniger poli-

---

[156] Easton / Dennis, 1969, 5 / 137; Greenstein, 1965, 1-2 / 60; Hess / Torney, 1967, 220-221
[157] siehe Anhang, S. 153 ff.
[158] Hess / Torney, 1967, 68 / 70 / 91

tisches Interesse als Jungen.[159] CONNELL (1971) geht von einer natürlichen Neugier bei Kindern aus: „... the children are active, enterprising beings, making a way in the world, interested in what is around them and concerned to know and understand their world. Few of them will [...] actively seek out political information, but almost all will be interested in it when it comes their way and will make some attempt to place it and place themselves with regard to it."[160]

Insbesondere Themen wie Wahlen und Kandidaten mobilisieren das kindliche Interesse und regen Gespräche an.[161] Weitere Nachrichtenthemen, die Jungen wie Mädchen interessieren, sind vor allem Kriminalität, Tod und Katastrophen. Solche Themen können in vielen Fällen politischen Bezug haben, zum Beispiel wenn es um Krieg oder Terroranschläge geht. Favorisiert werden auch Themen mit Bezug auf Kinder oder Lokales. Wenig beliebt sind dagegen „harte" politische Themen („government" und „what the President said").[162]

4.1.2 Politisches Wissen amerikanischer Kinder

Kinder verfügen bereits über politisches Wissen, wenn dieses aus Erwachsenensicht auch nicht immer ganz korrekt sein mag. In den Untersuchungen geht es meist um Wissen im Sinne einer subjektiven kognitiven *Vorstellung* von Politik und politischen Objekten.

Frühe Politikerkenntnis

Politisches Wissen beginnt bei Kindern mit Kenntnissen über die Namen einiger besonders sichtbarer Politiker. Dabei werden sich Kinder auf jeder Regierungsebene (Bundes-, Staats- und Lokalebene) zuerst über die Exekutive bewusst. Das liegt wahrscheinlich darin begründet, dass die legislativen Versammlungen zu komplex sind und in den Medien weniger hervorragend und präsent sind als Politiker der Exekutive. Schon die Jüngsten der jeweils untersuchten Kinder können den amerikanischen Präsidenten und den Bürgermeister ihres Wohnortes benennen. Das frühe politische Wissen geht im

---

[159] Greenstein, 1965, 156; Hess / Torney, 1967, 222
[160] Connell, 1971, 233
[161] Hess / Torney, 1967, 68-69
[162] Egan, 1978, 340

Großen und Ganzen aber nicht maßgeblich über die Kenntnis einiger Namen politischer Persönlichkeiten hinaus. So haben neunjährige Kinder nur wenig Wissen über die Rollen und Aufgaben von Politikern.[163] Detaillierteres Wissen entwickelt sich erst allmählich. Im Lauf der Zeit sammeln Kinder immer mehr Wissenselemente über bekannte Politiker, zum Beispiel Amtsbezeichnung, Nationalität oder Aufgaben.[164]

Der amerikanische Präsident als Fokus des Politikbildes

Eines des Hauptergebnisse der frühen amerikanischen Forschung zum kindlichen Politikverständnis ist der zentrale Status des amerikanischen Präsidenten. Er ist in der Regel schon den jüngsten Kindern bekannt und dient als erster Kontaktpunkt des Kindes mit der politischen Welt und dem politischen System: „Probably one of the first recognizable shadows that flickers accross the wall of the cave of the child's unformed political mind is that of the President."[165]. Er bleibt auch mit zunehmendem Alter der Kinder im Zentrum des Blickpunktes. EASTON UND DENNIS (1969) begründen dies damit, dass der Präsident durch seine hohe Sichtbarkeit und Greifbarkeit aus der komplexen und sonst eher abstrakten Welt der Politik hervorsticht.[166] Wenn das Kind mit der Zeit weitere Elemente des politischen Systems in seine Vorstellungen von der politischen Welt aufnimmt, ordnet es diese um den Orientierungspunkt „Präsident" herum an.[167] Diese Entwicklungsabfolge führt dazu, dass Politiker, die neu kennen gelernt werden, in der kindlichen Vorstellung in Abhängigkeit vom Präsidenten gesehen werden: Der Bürgermeister führt Befehle vom Präsidenten aus, der Kongress ist der Helfer des Präsidenten und so weiter. Die verschiedenen Regierungsebenen verschmelzen dabei zu einer einzigen Autoritätspyramide, an deren Spitze der Präsident steht. Diese Sichtweise trat in verschiedenen Altersstufen auf.[168]

---

[163] Greenstein, 1960, 936-937; Greenstein, 1965, 32-33 / 60-62 / 67 / 154-155; Hess, 1963, 552; Hess / Torney, 1967, 35
[164] Connell, 1971, 20
[165] Easton / Dennis, 1969, 138
[166] Easton / Dennis, 1969, 149
[167] Easton / Dennis, 1969, 138; Hess / Easton, 1960, 635; Hess / Torney, 1967, 46-47
[168] Connell, 1971, 38-40; Easton / Dennis, 1969, 172; Easton / Hess, 1962, 241; Hess / Easton, 1960, 635

Der Polizist als Kontaktpunkt zur Politik

Neben dem Präsidenten ist der Polizist die „politische" Figur, die das Kind zuerst kennen lernt. Auch er ist schon früh im Bewusstsein des Kindes präsent und dient – zumindest in den USA – als Verbindungspunkt zwischen Kindern und der politischen Autoritätsstruktur beziehungsweise dem System. Durch ihn erfahren Kinder erstmals, dass es auch Autorität außerhalb ihrer Familie gibt. Er ist ein wahrnehmbarer lokaler Repräsentant der Regierung, der zur unmittelbaren Umwelt des Kindes gehört. Zur Politisierung von Kindern trägt der Polizist bei, indem er die Bewusstheit eines politischen Lebensbereichs und die Akzeptanz familienexterner Autorität fördert.[169] EASTON UND DENNIS (1969) sprechen von einem „head-and-tail"-Effekt: Kinder kennen schon früh den Präsidenten und den Polizisten und treten über diese beiden Extrempunkte des politischen Systems und ihre Beziehung zu ihnen mit der Politik und dem System in Kontakt.[170]

Kaum Wissen über Parteien

Wissen über Parteien ist bei Kindern kaum vorhanden. Bis zur vierten Klasse kennen einige Kinder nicht einmal die Bedeutung der Begriffe „Demokrat" und „Republikaner".[171] Auch die älteren Kinder der „elementary school" sehen in der Mehrheit noch keine Unterschiede zwischen verschiedenen Parteien und deren Positionen.[172] Politische Parteien werden anfänglich über Personen wahrgenommen und auch später noch überwiegend mit Kandidaten assoziiert, die das Kind als „Demokrat" oder als „Republikaner" einordnet. Dafür dass Parteien Kindern relativ unvertraut sind, können erstaunlich viele korrekt angeben, welcher Partei der Präsident angehört.[173] „Some children use political party as a convenient concept for categorizing persons connected with the political world. The organizations standing behind these candidates, the different positions taken by the parties, and the population groups to whom they appeal have little importance in childrens' perception."[174]

---

[169] Easton / Dennis, 1969, 209-212 / 221 / 227 / 239
[170] Easton / Dennis, 1969, 153 / 165
[171] Hess / Torney, 1967, 24 / 90
[172] Greenstein, 1965, 67-69; Hess / Torney, 1967, 80
[173] Greenstein, 1965, 73 / 83; Hess, 1963, 553; Hess / Torney, 1967, 82
[174] Hess / Torney, 1967, 82

Vermeidung von Konflikt im Politikbild

Kinder neigen dazu, Konflikt in ihrer Sicht von Politik auszusparen. Konflikt zwischen Parteien ist ebenso unerwünscht wie Konflikt zwischen Kandidaten. Das kindliche Bedürfnis, die politische Welt als Welt zu sehen, in der Einheit und Harmonie herrschen, führt nach HESS UND TORNEY (1967) dazu, dass Kinder Konflikte und Konkurrenz zwischen Parteien verleugnen und als unrechtmäßig erklären.[175] Erst ab etwa zwölf Jahren wird die Vorstellung dominant, dass Parteien unterschiedliche Ziele verfolgen, in Konkurrenz zueinander stehen und um das Recht der Machtausübung rivalisieren.[176]

Von der Personalisierung zur Institutionalisierung der Regierung

Die Vorstellung von der Regierung, die in den Köpfen von Kindern vorherrscht, ist sehr stark personenzentriert. Das trifft besonders für die jüngeren Grundschulkinder zu.[177] Oft wird das komplexe Regierungssystem einfach mit Personen gleichgesetzt. Wie bereits erwähnt, sind Präsident und Polizist für Kinder die wichtigsten Repräsentanten der Regierung: Der Polizist arbeitet für die Regierung und der Präsident *ist* aus Sicht jüngerer Kinder die Regierung.[178] Diese Art der Personalisierung durch hervorstechende Persönlichkeiten ermöglicht dem Kind einen ersten Zugang zu der komplexen und abstrakten politischen Autoritätsstruktur und dem politischen System mit seinen Institutionen. Denn Kinder können Personen besser begreifen und zu sich selbst in Beziehung setzen als unpersönliche, abstrakte Objekte.[179] Mit zunehmendem Alter der Kinder zeigt sich eine grundlegende Veränderung in der kindlichen Vorstellung und dem Wissen über die Regierung: Während das Bild, das Grundschulkinder von der Regierung haben, noch sehr an Personen gebunden ist, entwickeln ältere Kinder beginnend mit der vierten bis fünften Klasse nach und nach eine weniger personalisierte Vorstellung von Politik, in der auch Institutionen eine zunehmende Rolle spielen. Sie betonen in ihrer Definition von „Regierung" zunehmend Regierungseinrichtungen, wie

---

[175] Hess / Torney, 1967, 82 / 216
[176] Connell, 1971, 62
[177] Hess / Torney, 1967, 35-37
[178] Easton / Dennis, 1969, 152
[179] Easton / Dennis, 1969, 200 / 206; Hess / Torney, 1967, 32-33 / 37

zum Beispiel den Kongress, sowie auch den Gruppencharakter der Regierung.[180]

Gesetzgebung als wesentliche Aufgabe der Regierung

Kinder verbinden mit der Regierung hauptsächlich die legislative Funktion der Gesetzgebung. Auf die Frage nach ihrer Aufgabe, wird mit hoher Wahrscheinlichkeit die Antwort gegeben, dass sie Gesetze macht. Die exekutive Tätigkeit („run the country") ist in der kindlichen Vorstellung von der Regierung dagegen nicht so stark hervortretend.[181]

Zunehmendes Demokratie-Wissen

Fragt man Kinder danach, was sie unter „Demokratie" verstehen, so wissen sie zwar, dass Demokratie etwas mit der „Herrschaft des Volkes" zu tun hat. Allerdings haben sie nur ein sehr begrenztes Verständnis davon, welche Einflussmöglichkeiten der Bürger hat. Das bedeutet, die Definition wurde zwar bereits – vermutlich im Schulunterricht – gelernt, aber das Konzept wurde noch nicht tiefer durchdrungen.[182] Erst mit zunehmendem Alter wächst das Wissen über eine aktive Beteiligung der Bürger am politischen Prozess. In der achten Klasse wissen Kinder, dass Bürger aktiv an der Politik teilnehmen können und sollen und dass besonders das Wählen in einer Demokratie zentral ist.[183] Durch das zunehmende Wissen über die Rechte und Einflussmöglichkeiten von Bürgern entwickelt sich auch ein zunehmendes Gefühl politischer Wirksamkeit.[184]

4.1.3 Politische Einstellungen amerikanischer Kinder

Der Erwerb politischer Einstellungen findet bereits im „elementary school"-Alter statt und entwickelt sich zwischen der vierten und achten Klasse relativ schnell.[185] Zu Beginn denken Kinder über politische Objekte als „gut" oder „böse". Solche groben Bewertungen und Einstellungen kommen früher zum

---

[180] Connell, 1971, 53; Easton / Dennis, 1965, 46-47; Easton / Dennis, 1969, 115-117 / 127-128 / 149; Hess / Torney, 1967, 33-37 / 46-47
[181] Easton / Dennis, 1969, 118-120; Hess / Torney, 1967, 33
[182] Hess / Torney, 1967, 65-67
[183] Connell, 1971, 53-55; Hess / Torney, 1967, 30 / 38 / 67-68 / 71 / 74-75 / 79 / 91
[184] Hess / Torney, 1967, 68
[185] Hess / Torney, 1967, 23-25

Vorschein als differenziertere Einstellungen.[186] Auffällig ist, dass affektives politisches Lernen in vielen Bereichen der kognitiven Entwicklung vorausgeht. Das heißt, Kinder haben bereits Einstellungen gegenüber politischen Objekten, wo noch gar kein beziehungsweise kaum Wissen vorhanden ist, das diese Einstellungen stützt.[187] Die amerikanischen Studien untersuchen meist kindliche Bewertungen von und Gefühle gegenüber politischen Objekten wie der Nation, dem Präsidenten oder der Regierung.

Frühe Bindung an Land und Nation

Eine der ersten politischen beziehungsweise politisch relevanten Einstellungen, die Kinder in den USA erwerben, ist eine sehr starke emotionale Bindung an das eigene Land. Schon früh entsteht ein Gefühl der Zugehörigkeit zur Nation und Amerika und amerikanische Symbole werden als ideal und anderen Ländern überlegen bewertet.[188] Aufgrund der affektiven Basis der positiven Einstellung ist diese sehr stabil und resistent gegenüber Veränderung.[189]

Idealisierung politischer Autoritätspersonen

Die meisten Kinder haben bereits Einstellungen gegenüber herausragenden politischen Autoritätspersonen: Sie bewerten den US-Präsidenten, den Bürgermeister ihres Wohnortes und sogar den Gouverneur, der in der kindlichen Vorstellung von Politik eigentlich nur eine geringe Rolle spielt.[190] Da über die politischen Rollen aber nur wenig Wissen vorhanden ist, gründen die Einstellungen fast ausschließlich auf affektiver Basis.[191] Die Einstellungen von Kindern gegenüber politischer Autorität sind im Allgemeinen sehr positiv.[192] Nach amerikanischen Untersuchungsergebnissen neigen Kinder geradezu dazu, politische Autoritätspersonen zu idealisieren. Sie zeigen keinerlei politischen Zynismus und Misstrauen gegenüber Politikern, sondern weisen ihnen nur auffallend gute Eigenschaften zu: Politische „Führer" werden als helfende, wohlwollende und mildherzige Figuren gesehen, die sich um das Volk sorgen

---

[186] Hess / Torney, 1967, 25-26
[187] Greenstein, 1960, 936; Greenstein, 1965, 35 / 67 / 71 / 73 / 154; Hess / Torney, 1967, 26 / 92
[188] Easton / Hess, 1962, 236-238; Hess / Torney, 1967, 26 / 29
[189] Hess / Torney, 1967, 213
[190] Greenstein, 1965, 35-37
[191] Greenstein, 1965, 66-67
[192] Greenstein, 1960, 937-938; Greenstein, 1965, 35-37

und es beschützen. Mit zunehmendem Alter bildet sich die idealisierte Vorstellung etwas zurück, eine stark positive Einstellung bleibt aber erhalten.[193] Einen besonders hohen Status in der kindlichen Bewertung genießt der amerikanische Präsident. „From the earliest grade the child sees the President as on a commanding height, far above adults as well as children. The President flies in on angel's wings, smiling, beneficent, powerful, almost beyond the realm of mere mortals."[194] Besonders jüngere Grundschulkinder sehen den Präsidenten durch eine rosarote Brille.[195] Die Beziehung des Kindes zu ihm spiegelt Eigenschaften einer Familienbeziehung wider. Von ihm wird Schutz, persönliche Hilfe und Fürsorge erwartet und im Gegenzug mit Loyalität, Respekt und Zuneigung erwidert.[196] Mit zunehmendem Alter der Kinder nimmt auch die starke Idealisierung des Präsidenten etwas ab, die Einstellung bleibt aber sehr positiv: „Although as the children grow older they draw him closer to the position of an ordinary mortal, they never quite bring him down to earth."[197] Während sich das frühe Bild des Kindes vom Präsidenten in erster Linie um persönliche Qualitäten dreht, lernen Kinder mit zunehmendem Alter, zwischen persönlichen Qualitäten des Präsidenten und seiner Rollenkompetenz zu unterscheiden.[198] Während die starke persönliche Zuneigung mit zunehmendem Alter etwas abnimmt, nimmt die Achtung seiner Rollenfähigkeiten im Gegenzug zu.[199]

Auch gegenüber dem Polizisten, der eine weitere wichtige Verbindung des Kindes zum politischen System darstellt[200], haben Kinder eine sehr positive Einstellung und empfinden starke persönliche Zuneigung. Im Vordergrund steht nicht die strafende Funktion des Polizisten, sondern der Polizist gilt als zuverlässige, vertrauenswürdige und freundliche Person, die dem Kind jederzeit helfen und es schützen würde. In dieser positiven Einstellung gegenüber

---

[193] Greenstein, 1960, 935 / 939; Greenstein, 1965, 31 / 37 / 39 / 42 / 51-52 / 67
[194] Easton / Dennis, 1969, 171
[195] Easton / Dennis, 1969, 189
[196] Hess / Torney, 1967, 38 / 42 / 48 / 214
[197] Easton / Dennis, 1969, 173
[198] Hess / Torney, 1967, 42 / 48-49 / 214
[199] Hess, 1963, 548-550; Hess / Easton, 1960, 639; Hess / Torney, 1967, 42 / 214 / 221
[200] vgl. Kapitel 4.1.2

dem Polizisten und der Achtung seiner Autorität liegt wiederum eine Wurzel der Unterstützung der Autoritätsstruktur des politischen Systems.[201]

Sämtliche Autoren vermuten, dass die auffallend positiven Reaktionen auf politische Autoritätspersonen in der Regel nicht primär gelernt werden. Zu möglichen Quellen und Ursachen werden folgende Hypothesen genannt:

1. Das Kind überträgt primär gelernte, positive Einstellungen und Gefühle, die es gegenüber vertrauten Autoritäten aus dem unmittelbaren Umfeld hat, unbewusst auf Autoritätspersonen im Allgemeinen, also auch auf politische.[202] Diese Erklärung entspricht dem Modell der interpersonellen Übertragung.[203]

2. Die Idealisierung politischer Autoritäten ist eine kompensatorische Reaktion: Gegenüber „allmächtigen" Autoritätspersonen fühlt sich ein Kind schwach und verletzlich. Um mit diesen Gefühlen der Machtlosigkeit umzugehen, möchte es sich unbewusst versichern, dass die ihm überlegenen Autoritätspersonen nicht gefährlich sondern wohlwollend und gut sind.[204]

3. Die Idealisierung politischer Autoritäten ist ein Ergebnis kultureller Prägung: Kinder projizieren Ideale, die sie in ihrer Sozialisation gelernt haben, auf Politiker. Demnach wären die positiven Einstellungen vielmehr *Erwartungen* an politische Autorität.[205]

Die idealisierte Politiksicht wird in vielen Studien betont, ist aber nicht zu verabsolutieren: JAROS ET AL. (1968) kommen durch ihre Forschungsergebnisse zu der Annahme, dass die idealisierte kindliche Sicht von politischen Autoritäten kein universell gültiges, sondern ein kulturabhängiges Phänomen ist.[206] Sie fanden bei Kindern einer amerikanischen Subkultur in einer isolierten, ländlichen und armen Region der USA deutlich negativere Bewertungen politischer Autorität, zum Teil sehr negative Einstellungen gegenüber dem US-Präsidenten und deutlich stärkeren politischen Zynismus als bei Kindern in vorangegangener Forschung. So wie eine positive Bindung schon in der Kindheit ihre Wurzeln haben kann, kann auch eine Ablehnung poli-

---

[201] Easton / Dennis, 1969, 231-232 / 239-240; Hess / Torney, 1967, 214
[202] Easton / Hess, 1962, 242; Greenstein, 1965, 46-47 / 50-51; Hess / Easton, 1960, 633-634 / 643-644; Hess / Easton, 1960, 633-634 / 642-643; Hess / Torney, 1967, 213-214;
[203] vgl. Kapitel 3.1.2.2
[204] Easton / Hess, 1962, 243; Hess / Torney, 1967, 213-214 / 221
[205] Easton / Dennis, 1969, 190; Easton / Hess, 1962, 242-243; Hess / Easton, 1960, 642
[206] Jaros / Hirsch / Fleron, 1968, 575

tischer Autorität schon früh angelegt werden.[207] Auch GREENSTEIN (1970 / 1975) kommt in späteren Studien zu dem Ergebnis, dass die kindliche Idealisierung politischer Autorität nicht für jede Nation gilt. Amerikanische Kinder bewerten ihr Staatsoberhaupt positiver als französische und englische Kinder.[208] Besonders Kinder in Frankreich nahmen ihren damaligen Präsidenten nicht in idealisierter Form wahr: Sie beschrieben ihn zum Teil eher als eine gebieterische, furchteinflößende Persönlichkeit.[209]

Positive Einstellungen gegenüber der Regierung

Das Kind „learns to like government before he really knows what it is"[210]. Da die Regierung und das gesamte politische System von Kindern anfänglich vor allem über Personen wahrgenommen werden[211] und die zentralen politischen Personen nicht nur sehr stark positiv bewertet sondern darüber hinaus sogar idealisiert und geliebt werden[212], entwickeln Kinder fast automatisch auch eine positive Einstellung gegenüber der Regierung und dem politischen System.[213] „The children are responding to the system in terms of the person who for them best represents it, even if for them this relationship is not apparent and even though they have little consciousness of the political relevance of their ideas and feelings."[214] Die Regierung wird sowohl bezüglich ihrer Fürsorge und Hilfsbereitschaft, aber auch bezüglich ihrer Macht, ihrer Unfehlbarkeit und ihrer Zuverlässigkeit sehr hoch eingeschätzt.[215] Und obwohl sich das kognitive Verständnis bezüglich der Regierung mit zunehmendem Alter der Kinder ändert[216] und die Idealisierung etwas abnimmt, bleibt die Einstellung auch bei den Achtklässlern sehr positiv.[217]

---

[207] Jaros / Hirsch / Fleron, 1968, 567-570
[208] Greenstein / Tarrow, 1970, 523-524 / 529
[209] Greenstein, 1975, 1397
[210] Easton / Dennis, 1969, 138
[211] vgl. Kapitel 4.1.2
[212] vgl. Kapitel 4.1.3
[213] Easton / Dennis, 1969, 139-140 / 191; Hess / Torney, 1967, 38 / 46-48 / 91 / 214
[214] Easton / Dennis, 1969, 190
[215] Easton / Dennis, 1969, 128-130 / 137
[216] vgl. Kapitel 4.1.2
[217] Easton / Dennis, 1969, 128

Frühe Entwicklung von Parteibindung

Obwohl Kinder noch sehr unzureichendes Wissen über politische Parteien und deren unterschiedliche Zielsetzungen haben[218], sind bei amerikanischen Kindern häufig schon Parteipräferenzen vorhanden. Nach GREENSTEINS Studie (1965) bevorzugen 63% der Viertklässler eine bestimmte Partei. Diese frühe Einstellung beruht mehr auf affektiver als auf kognitiver Basis.[219] Auch CONNELL (1971) stellte bei australischen Kindern fest, dass sich diese schon zu zwei Dritteln für eine Partei entscheiden. Allerdings ist die Bindung bei ihnen nicht so stark wie bei den amerikanischen Kindern.[220] Die Autoren nehmen einstimmig an, dass die Familie Quelle dieser frühen Partei-bindungen ist.[221]

4.1.4 Begrenzte Generalisierbarkeit der Forschungsergebnisse

Interesse, Wissen und Einstellungen von Kindern gegenüber Politik sind immer abhängig von den konkreten Sozialisationsbedingungen der jeweiligen Gesellschaft.[222] Aufgrund der völlig unterschiedlichen gesellschaftlich-politischen Geschichte und Kultur und der unterschiedlichen Regierungs-systeme sind die amerikanischen Forschungsergebnisse nicht auf deutsche Verhältnisse übertragbar.[223] Amerikaner haben ein völlig anderes Verhältnis zu ihrem Präsidenten, ihren Parteien und ihren Nationalsymbolen als Deutsche. Die politische Sozialisation in den USA unterscheidet sich grund-legend von der in Deutschland: Schon von klein auf werden amerikanische Kinder patriotischen Ritualen und politischer Unterrichtung ausgesetzt.[224] „Im Gegensatz zu anderen Gesellschaften, z.B. den USA [...], kann in der BRD kaum von einer manifesten politischen Sozialisation, d.h. von einer direkten und gezielten Erziehung der Kinder zur Anerkennung des politischen Sys-tems, in dem sie leben, gesprochen werden."[225] Aufgrund dieser unterschied-lichen Sozialisationsbedingungen können die amerikanischen Forschungs-

---

[218] vgl. Kapitel 4.1.2
[219] Greenstein, 1965, 33 / 71 / 73 / 154; Greenstein, 1960, 936
[220] Connell, 1971, 65-66
[221] Connell, 1971, 67; Greenstein, 1965, 72-73; Greenstein, 1960, 936; Hess / Torney, 1967, 90
[222] Adorno, 1967, 220-221, zitiert nach Beck, 1973, 32
[223] Beck, 1973, 32-35; Wasmund, 1976, 29-30
[224] Beck, 1973, 33-35; Easton / Hess, 1962, 238; Greenstein, 1965, 4-5
[225] Beck, 1974, 8

befunde nur sehr bedingt auf deutsche Kinder übertragen werden. Trotzdem zeigen sie aber, dass Kinder schon sehr früh politische Vorstellungen und insbesondere auch politische Einstellungen haben, und können zumindest Ansatzpunkte für die deutsche Forschungsarbeit liefern.[226]

4.2 Deutsche Forschungsergebnisse

Es gibt nur wenige deutsche Forscher, die sich mit den politischen Orientierungen von Kindern beschäftigen. MÜLLER (1971) und WASMUND (1976) untersuchten explorativ, inwieweit Grundschulkinder bereits politisch sozialisiert sind und welche Orientierungen bei ihnen vorhanden sind. Dazu befragte MÜLLER Schüler vierter Grundschulklassen anhand eines schriftlichen Fragebogens. WASMUND bezog sich auf das Thema „Wahlen und Wahlkampf" und führte seine Studie kurz vor den Bundestagswahlen im Jahr 1972 mit Kindern des vierten Schuljahres durch. Als kindgerechte Methode wählte er die freie bildliche Gestaltung. Beide Autoren betonen, dass es sich bei ihren Studien nur um explorative Vorstudien handelt, deren Ergebnisse nicht repräsentativ und generalisierbar sind, sondern nur zur Hypothesenbildung dienen. Ergänzend werden eine von KRATZMEIER (1966) beschriebene Studie mit Aufsatzvergleichen sowie Beobachtungen von CZAJKA (1965) herangezogen. Genauere Angaben zu den Studien sind dem Anhang[227] zu entnehmen.

4.2.1 Politisches Interesse deutscher Kinder

Auch die deutschen Forscher treffen kaum direkte Aussagen über das politische Interesse von Kindern. Aus der repräsentativen Jugendstudie „JIM 2001" des Medienpädagogischen Forschungsverbundes Südwest kann man zumindest Informationen über Themeninteressen älterer Kinder gewinnen: Bei den Zwölf- bis 13-Jährigen stehen Bundes- und Kommunalpolitik am Ende der Interessensskala aller abgefragten Themen. 16% der Zwölf- bis 13-Jährigen finden lokale Politik aus ihrer Wohnregion interessant oder sehr interessant. Für Bundespolitik interessieren sich nur 9%.[228]

---

[226] Wasmund, 1976, 29-30
[227] siehe Anhang, S. 153 ff.
[228] Feierabend / Klingler, 2002, 10-11

Trotzdem scheint es politische Bereiche zu geben, die kindliches Interesse wecken können. Ältere Grundschulkinder beschäftigen sich nicht mehr nur mit ihrer unmittelbaren Alltagswelt, sondern erweitern ihren Horizont und beginnen, sich auch für gesellschaftliche Konflikte und aktuelles Tagesgeschehen zu interessieren. Besonders aufmerksam sind Kinder gegenüber außergewöhnlichen, spektakulären Ereignissen in Form von Katastrophen, Unglücken oder Verbrechen. Viele Kinder interessieren sich speziell für die Themen „Krieg" und „Ausländerfeindlichkeit".[229] Politische Ereignisse wecken besonders dann das Interesse und die Anteilnahme von Kindern, wenn sie mit elementaren Vorgängen (Krieg, Tod, Verfolgung, Hunger) zusammenhängen, wenn sie von besonderem öffentlichen und elterlichen Interesse sind oder wenn sie die Kinder selbst betreffen könnten und als bedeutsam für die eigene Situation empfunden werden.[230] Obwohl sich das kindliche Interessensspektrum erweitert und sich die Aufmerksamkeit auf politisch relevante Themen ausweitet, bleibt das kindliche Interesse noch an Menschen und ihre Schicksale gebunden. Abstrakte Politik, Parteien und Positionen entsprechen nicht dem Interesse von Kindern. Nur wenige einzelne, eher ältere Kinder äußern Interesse an Politik in diesem Sinne.[231]

4.2.2 Politisches Wissen deutscher Kinder

Der Bundeskanzler ist derjenige Politiker, der Kindern am bekanntesten ist. Er scheint für Kinder eine zentrale Rolle zu spielen.[232] Dagegen kennt den Bundespräsidenten als eigentliches Staatsoberhaupt nur knapp die Hälfte der von MÜLLER befragten Viertklässler. Eine Erklärung dafür ist vermutlich, dass der Bundespräsident weniger im Zentrum aktuellen Geschehens steht als Regierungs- und Oppositionsmitglieder.[233] Kaum bekannt sind den Grundschülern lokale Bundestagskandidaten, obwohl diese auf vielen Wahlplakaten zu sehen waren.[234] Möglicherweise verstehen Kinder Politik eher auf nationaler als auf lokaler Ebene. Viele Grundschulkinder sehen den Bürgermeister

---

[229] Theunert / Lenssen / Schorb, 1995, 70-71 / 135; Theunert / Schorb, 1995, 40-41 / 69-70

[230] Czajka, 1965, 335-338

[231] Theunert / Lenssen / Schorb, 1995, 74; Theunert / Schorb, 1995, 41

[232] Müller, 1971, 35; Wasmund, 1976, 36-38

[233] Müller, 1971, 45-46

[234] Müller, 1971, 35

nämlich *nicht* als politische Figur. Dass auch der Bürgermeister im Rathaus Politik betreibt, erkennen viele Kinder nicht, obwohl der Grundschullehrplan das Thema „Gemeindeverwaltung" enthält.[235] WASMUND (1976) vermutet, dass der Bekanntheitsgrad von Parteien bei deutschen Kindern größer ist als der von Politikern, weil in den Kinderzeichnungen häufiger Parteien als Politiker vorkommen.[236] Schon in der vierten Klasse können die meisten Kinder mehrere Parteien nennen. Am bekanntesten sind dabei die beiden großen Parteien CDU und SPD.[237]

Die kindliche Politikvorstellung wird mit zunehmendem Alter politisierter. Das Bild, das Grundschulkinder vom Bundeskanzler haben, ist noch überwiegend durch nicht-politische, direkt wahrnehmbare Eigenschaften geprägt (Gestalt, Verhalten, Kleidung). Etwa ab der fünften Klasse nimmt es politischere Züge an. Den Kindern werden jetzt zunehmend politische und amtsbezogene Merkmale des Bundeskanzlers, beispielsweise Parteizugehörigkeit, Zeitpunkt des Amtseintritts oder Aufgaben, bewusst.[238]

4.2.3 Politische Einstellungen deutscher Kinder

WASMUND (1976) stellte fest, dass Kinder in ihren Zeichnungen zum Thema „Wahlen und Wahlkampf" in erster Linie positive Aussagen darstellen. Negative Slogans oder Darstellungen von Parteien und Politikern kommen nur selten vor, ausgesprochen abwertende Äußerungen überhaupt nicht. Kinder neigen also eher dazu, politische Sympathien als Antipathien auszudrücken. WASMUND folgert daraus, dass die politische Einstellung von Grundschulkindern – entsprechend der amerikanischen Befunde – noch keine kritischen, zynischen oder abwertenden Aspekte beinhaltet.[239]

Die einzige politische Einstellung, die in deutschen Studien des Weiteren untersucht wurde, ist die Parteibindung. Auch deutsche Kinder entwickeln möglicherweise schon früh Parteipräferenzen. Ein großer Teil der von MÜLLER (1971) befragten Zehnjährigen, nämlich in jeder Befragung mehr als drei Viertel, sympathisiert bereits mit einer bestimmten Partei. Nur wenige

---

[235] Müller, 1971, 40-41
[236] Wasmund, 1976, 37 / 53
[237] Müller, 1971, 32
[238] Kratzmeier, 1966, 609-611
[239] Wasmund, 1976, 50-52

können oder wollen sich nicht für eine Partei entscheiden. Die Partei-präferenzen gelten meistens der CDU oder der SPD, die kleineren Parteien werden kaum berücksichtigt. Über die Befragungszeitpunkte hinweg sind gewisse Konstanten in den Parteipräferenzen sichtbar.[240] MÜLLER nimmt daher an, dass die angegebenen Parteipräferenzen nicht nur zufällige Augen-blicksvorlieben sind, sondern über längere Zeit stabil bleiben.[241] Die in der vierten Klasse schon sehr verbreiteten Parteibindungen gründen vermutlich nicht auf Wissen über die Vorzüge einer Partei, denn in den Einzelinterviews werden nur unkonkrete Entscheidungsmotive gegeben.[242]

4.3 Zusammenfassung der Forschungsergebnisse

Die Studien zeigen, dass Kinder schon ab dem Vorschulalter politisiert wer-den. Es ist an der Zeit, „sich von einem Bild vom Kinde zu lösen, dem poli-tische Züge fehlen"[243].

Kindliches Politikinteresse erhielt in der Forschung wenig Aufmerksamkeit. Die wenigen Befunde, die vorliegen, weisen darauf hin, dass amerikanische Kinder möglicherweise schon früher politisches Interesse entwickeln als deutsche Kinder. Bestimmte Politikthemen können kindliches Interesse wecken, abstrakte politische Themen finden jedoch nur wenige Kinder an-sprechend. Die Politiksicht von Kindern ist stark personalisiert. Über Per-sonen erhalten Kinder Zugang zur Politik und deren Institutionen. Der ameri-kanische Präsident – und in Deutschland vermutlich der Bundeskanzler – sind dabei Schlüsselfiguren. Erst mit zunehmendem Alter rücken auch poli-tische Institutionen mehr ins kindliche Bewusstsein und die Vorstellung wird abstrakter. Eine wesentliche Auffälligkeit ist, dass differenzierteres Faktenwis-sen in vielen Bereichen oft erst aufgebaut wird, wenn schon gefühlsmäßige Bewertungen, Einstellungen und Bindungen vorhanden sind. Die Einstellung, die Kinder in Amerika gegenüber der Politik haben, ist sehr stark positiv ge-prägt. Sie sehen das politische System als Ganzes idealisiert. Schon früh ent-wickeln sie eine emotionale Bindung an ihr Land, ihre Regierung und deren

---

[240] Müller, 1971, 33-34 / 37-38 / 43-45
[241] Müller, 1971, 44-45 / 48-49
[242] Müller, 1971, 34-35
[243] Müller, 1971, 47

Repräsentanten und Institutionen. Das idealisierte Politikbild ist allerdings vermutlich kulturabhängig. Für Deutschland liegen dazu keine fundierten Daten vor.

5. Relevanz politischer Kindheitsorientierungen

Die vorhergehenden Kapitel haben gezeigt, dass auch Kinder schon diverse Vorstellungen von und Einstellungen zur Politik und politischen Objekten haben. Es stellt sich nun jedoch die Frage, inwieweit dieses kindliche Politik-bild relevant für die politische Persönlichkeit des Erwachsenen ist. Wie stabil bleiben die in der Kindheit herausgebildeten Einstellungen, das Denken und Wissen in späteren Lebensphasen? Und inwieweit beeinflussen frühe Lern-erfahrungen spätere politische Orientierungen und Verhaltensweisen? Diese zentrale Frage nach der Bedeutsamkeit frühen politischen Lernens für die Zukunft ist bis heute sehr umstritten. Es gibt viele kontroverse Ansichten und Forschungsergebnisse, aber keinen endgültigen Beleg dazu.[244] Viele, darun-ter auch die frühen Forscher der politischen Kindheitssozialisation, befürwor-ten die besondere Wichtigkeit und langfristige Wirkung frühen politischen Lernens. Andere wiederum sprechen sich dafür aus, dass in der Kindheit er-worbene politische Orientierungen für den Erwachsenen weniger oder gar nicht relevant sind, da sie von späteren Erfahrungen und Lernprozessen überlagert werden.[245]

5.1 Annahmen früher politischer Sozialisationsforscher

Autoren, welche die manifeste politische Sozialisation in der Kindheit er-forscht haben, sind der Ansicht, frühes politisches Lernen sei besonders wichtig für die spätere Persönlichkeit. Dafür führen sie folgende Argumente an:

Da viele nicht-politische Persönlichkeitszüge und Verhaltensmuster schon in der Kindheit ihren Ursprung haben, schließen EASTON UND DENNIS (1969) darauf, dass auch grundlegende politische Merkmale in der Kindheit wur-zeln.[246] Die Bedeutsamkeit früh erworbener politischer Orientierungen be-gründen sie damit, dass grundlegende, schon in der Kindheit entstandene Wahrnehmungen und Gefühle weniger leicht ausgelöscht oder modifiziert

---

[244] Ackermann, 1996, 97; Geißler, 1996, 53; Wasmund, 1982a, 28
[245] Spieker, 1982, 187
[246] Easton / Dennis, 1969, 76

werden können als später erworbene.[247] Die Autoren beziehen sich in ihrer Annahme, dass die frühe politische Sozialisation besonders wichtig sei und langfristige Konsequenzen für die politische Persönlichkeit hat, aber nur auf *grundlegende* Gefühle und Orientierungen, also zum Beispiel Bindungen an das politische System und seine Symbole, Repräsentanten und Institutionen. Kinder, die schon früh positive Gefühle gegenüber politischen Autoritäten und dem System entwickeln, können demnach im Erwachsenenalter bezüglich ihrer Einstellung weniger leicht ernüchtert werden.[248] Denn die bereits in der Kindheit erworbenen grundlegenden Einstellungen und Affekte „are likely to remain as underlying, latent sentiments that can be evoked in later years, under the proper circumstances, either on behalf of or in opposition to the basic political objects, depending upon their initial direction. Alienation may be as durable over the years as identification."[249]

Auch GREENSTEIN (1965) beruft sich auf Wissenschaftler, die bestätigen, dass Lernprozesse der frühen Lebensphasen einen besonders starken Einfluss auf dauerhafte Persönlichkeitsmerkmale im Allgemeinen haben und dass früh Gelerntes relativ resistent gegen Veränderung ist.[250] Er ist der Ansicht, dass auch zentrale Aspekte der *politischen* Persönlichkeit ihren Ursprung in den grundlegenden politischen Orientierungen der Kindheit haben.[251] Für die Persistenz frühen politischen Lernens nennt GREENSTEIN mehrere Gründe[252]:

1. Die Kindheit ist eine formative Phase, in der die Persönlichkeit noch in der Entwicklung ist. Deshalb können frühe soziale und politische Lerninhalte in dieser Phase Teil der psychischen Grundausstattung werden.

2. Ein Großteil frühen politischen Lernens findet unbewusst und beiläufig statt. Daher wird das Gelernte als natürliche und selbstverständlich gegebene Tatsache angenommen und unhinterfragt akzeptiert.

3. Kinder erwerben einige Einstellungen, Gefühle und Bindungen gegenüber politischen Objekten, bevor sie ausreichendes Wissen zu deren Beurteilung haben. Aufgrund ihrer affektiven Basis sind solche Einstellungen beständiger als andere und üben somit im Erwachsenenleben stärkeren Einfluss aus.

---

[247] Easton / Dennis, 1969, 107
[248] Easton / Dennis, 1969, 106-107
[249] Easton / Dennis, 1969, 107
[250] Greenstein, 1965, 53
[251] Greenstein, 1965, 79 / 157
[252] Greenstein, 1965, 75 / 79-81 / 160

Die Relevanz früh erworbener politischer Orientierungen sieht GREENSTEIN auch darin begründet, dass sie die Aufnahme, Verarbeitung und Bewertung neuer politischer Lerninhalte beeinflussen und somit ein Filter für alle nachfolgenden Lernprozesse sind.[253]

HESS UND TORNEY (1967) argumentieren anhand ihrer Forschungsergebnisse: In einer Vorstudie des Chicago-Projekts konnten sie ihre Hypothese, dass während der High-School-Jahre ein starker Wandel der politischen Orientierungen stattfindet, nicht bestätigen. Vielmehr zeigte sich, dass schon unerwartet viel politisches Lernen *vor* Beginn der High-School stattgefunden hatte und dass die vorhandenen Einstellungen bis zum High-School-Abschluss stabil blieben. Daraufhin richteten die Forscher ihren Blick auf die *Kindheitssozialisation* und stellten fest, dass schon während der „elementary school" eine starke Entwicklung stattfindet. Wesentliches Ergebnis war das starke Ausmaß, in dem schon bei Kindern ab der zweiten Klasse politische Orientierungen vorhanden sind. Am Ende der achten Klasse ist die politische Sozialisation dann schon sehr weit fortgeschritten. Aus diesen Ergebnissen schließen HESS UND TORNEY, dass der wichtigste Teil politischer Sozialisation schon in der Kindheit stattfindet und für viele Orientierungen bereits mit der „elementary school" relativ abgeschlossen ist.[254]

Alle diese Autoren betonen zwar die Wichtigkeit früher politischer Orientierungen, schließen aber spätere Einflüsse und Veränderungen nicht aus. Sie gestehen zu, dass Kindheitsorientierungen durch Lernprozesse in späteren Lebensphasen verändert werden können und dass neben dem frühen Lernen auch andere Faktoren das politische Verhalten des Erwachsenen mitbestimmen.[255]

---

[253] Greenstein, 1965, 81-82
[254] Hess / Torney, 1967, 8-9 / 220-221
[255] Easton / Dennis, 1969, 107 / 138-139; Greenstein, 1965, 171; Hess / Torney, 1967, 8-9 / 220-221

5.2 Kristallisationsthese

Die Argumente der frühen politischen Sozialisationsforscher entsprechen zum Teil einer in der politischen Sozialisationsforschung als „Kristallisationsthese" bekannten Hypothese. Die Kristallisationsthese setzt sich aus dem „Primärprinzip" und dem „Strukturierungsprinzip" zusammen. Beide stellen einen Zusammenhang zwischen frühen politischen Lernerfahrungen von Kindern und politischen Merkmalen, Orientierungen und Verhaltensweisen im Erwachsenenalter her. Frühes Lernen wird dabei als besonders wichtig erachtet, weil es späteres politisches Verhalten vorprägt.

Die Annahme der Persistenz frühen politischen Lernens von GREENSTEIN, EASTON UND DENNIS sowie HESS UND TORNEY entspricht dem **Primärprinzip**. Dieses geht davon aus, dass frühes Kindheitslernen über die späteren Lebensphasen hinweg stabil bleibt und dass gelernte politische Orientierungen umso beständiger sind, je früher sie gelernt werden.[256] Die absolute Fassung des Primärprinzips besagt, dass sich die Orientierungen, die früh in der Kindheit erworben werden, im Erwachsenenalter kaum noch verändern. Laut ZÄNGLE (1978) kann diese Annahme so aber nicht gelten. Eine abgeschwächte Form des Prinzips wäre die Annahme, dass früher erworbene Orientierungen weniger wandelbar sind als später erworbene.[257] In seiner zweiten Grundannahme, dass frühes Lernen späteres beeinflusst und filtert, spricht GREENSTEIN auch den zweiten Bestandteil der Kristallisationsthese an, nämlich das **Strukturierungsprinzip**. Danach können beispielsweise früh angelegte Parteipräferenzen oder Kandidatenbewertungen den Erwerb späterer Orientierungen beeinflussen, indem sie zum Filter neuer Erfahrungen und Informationen werden. Zum Teil wird das Strukturierungsprinzip insofern eingeschränkt, dass nicht *jedes* frühere Lernen späteres strukturiert: Nur *grundlegende* allgemeinere politische Orientierungen bestimmen den späteren Erwerb *spezifischerer* Orientierungen mit.[258] Solche früh erworbenen basispolitischen Orientierungen können beispielsweise die Unterstützung des poli-

---

[256] Behrmann, 1983, 19; Wasmund, 1982a, 27-28
[257] Zängle, 1978, 60-61
[258] Wasmund, 1982a, 27-28; Zängle, 1978, 45

tischen Systems und grundlegende Bindungen an seine Repräsentanten, Institutionen oder Symbole sein.[259]

Zwar liegen diese beiden Prinzipien vielen Studien als Basisannahmen zugrunde, dennoch sind beide sehr umstritten. Die bisherigen Annahmen beruhen nur auf Altersgruppenvergleichen, die keine intraindividuellen Entwicklungen beschreiben können. Da bisher keine Längsschnittdaten erhoben wurden, ist die Kristallisationsthese weder belegbar noch widerlegbar. Immer noch bleibt die Beziehung zwischen dem politischen Weltbild des Kindes und dem des Erwachsenen einer der umstrittensten Aspekte der politischen Sozialisationsforschung.[260]

5.3 Sozialisationstheoretische Modelle politischen Lernens

Die Annahme, dass politisches Lernen in der Kindheit besonders wichtig ist, wird nicht einstimmig geteilt. Zur Beziehung zwischen frühem politischem Lernen und Orientierungen des Erwachsenen werden in der politischen Sozialisationsforschung drei unterschiedliche Modelle vertreten: Das Modell des frühen Lernens, das Modell des mittleren Lernens und das Modell des späten Lernens. Jedes Modell stellt eine andere Lebensphase als entscheidend für die Entwicklung der politischen Persönlichkeit dar. Nach dem Modell des frühen Lernens („primacy model") liegen die determinierenden Einflüsse der politischen Sozialisation in der Kindheit. Im Modell des späten Lernens („recency model") werden dagegen die politischen Sozialisationseinflüsse betont, die im Erwachsenenalter stattfinden.[261] Beide Positionen haben überzeugende Erklärungen und werden durch entsprechende empirische Forschungen gestützt.

Nach WEISSBERGS Auffassung müssen sich die beiden Modelle nicht gegenseitig ausschließen, denn beide können gültig sein – je nachdem, um welchen Bereich politischen Lernens es sich handelt: Manche politischen Orientierungen werden in frühen Lebensabschnitten erworben und bleiben stabil, wohingegen andere immer wieder modifiziert und durch neue Lern-

---

[259] Nyssen, 1973, 46; Wasmund, 1982a, 29
[260] Geißler, 1996, 65; Wasmund, 1982a, 27-28; Zängle, 1978, 44
[261] Weissberg, 1974, 24-25

erfahrungen aktualisiert werden.[262] Unterschiedliche politische Orientierungen sind also unterschiedlich persistent. WEISSBERG beschreibt die drei Modelle politischen Lernens folgendermaßen:

5.3.1 Modell des frühen politischen Lernens

Nach dem Modell des frühen politischen Lernens werden die entscheidenden Einflüsse der politischen Sozialisation der Kindheit zugeordnet. Diesem Modell lässt sich die Kristallisationsthese zuordnen. Ihm zufolge werden in der frühen Kindheit grundlegende Einstellungen, Werte und Verhaltensweisen geformt, die über das ganze Leben hinweg stabil bleiben und dauerhaft weiter wirken. Der Persönlichkeitsrahmen ist danach schon etwa im Alter von zehn Jahren gebildet. Frühe Lerninhalte aus der Kindheit können zwar durch zunehmende kognitive Reife und neue Erfahrungen und Einflüsse angereichert, ausdifferenziert oder modifiziert werden, werden aber im Regelfall nicht vollständig ausgelöscht. Spezifische Details können sich ändern, die grundlegenden Strukturen werden jedoch im Kern und in ihrer Richtung stabil bleiben. Frühes Lernen ist damit – im Sinne des Strukturierungsprinzips – ein Filter, der nachfolgendem Lernen eine Richtung gibt und Grenzen setzt. Das spätere Lernen beeinflusst die politische Persönlichkeit nur innerhalb dieser von der Kindheitssozialisation vorgegebenen Grenzen. Orientierungen, für die dieses Lernmodell zutrifft, sind grundlegende politische Bindungen, Identifikationen und Loyalitäten, wie eine positive Bindung gegenüber der eigenen Nation, ideologischen Wertsystemen, der Regierung oder einem bestimmten Politiker.[263]

5.3.2 Modell des mittleren politischen Lernens

Zwar bilden sich die breiten Grundlagen politischer Persönlichkeit in der früheren Kindheit heraus, trotzdem warten aber in der späteren Kindheit und der Jugend noch viele politische Sozialisationserfahrungen. Nach dem Modell des mittleren politischen Lernens liegt der Schwerpunkt der politischen Persönlichkeitsentwicklung im späteren Kindes- und Jugendalter, etwa ab dem Alter von zehn Jahren. Die späte Kindheits- und Jugendphase scheint vor

---

[262] Weissberg, 1974, 25
[263] Weissberg, 1974, 24-25 / 27-28

allem im Bereich der politischen Partizipation, des politischen Kenntnis- und Verständniserwerbs und *genereller* politischer Präferenzen und Bewertungen, wie zum Beispiel Einstellungen gegenüber Ausländern, relevant zu sein. Auch hier ist es so, dass die Sozialisation in dieser Phase den politischen Aktivitätsgrad und die Präferenzen nicht für immer festlegt, ihnen aber einen Rahmen steckt.[264]

5.3.3 Modell des späten politischen Lernens

Vertreter der dritten Position plädieren dafür, dass der Einfluss von Lernerfahrungen umso größer ist, je näher sie dem Erwachsenenalter sind. Die Ausgangsannahme dieses Modells liegt vor allem darin, dass Kinder intellektuell noch gar nicht in der Lage sind, manche politischen Einstellungen, Kenntnisse und Fähigkeiten zu begreifen beziehungsweise zu erwerben. Erst im Erwachsenenalter sind die kognitiven Fähigkeiten vollständig entwickelt, so dass komplexere politische Phänomene und Prozesse verstanden werden. Zudem wird davon ausgegangen, dass das, was Kinder über Politik lernen, von unmittelbareren Lernprozessen im späteren Leben überlagert wird. Das Modell des späten Lernens ist vor allem angemessen für spezifischere politische Orientierungen, also zum Beispiel Einstellungen und Standpunkte bezüglich konkreter aktueller Politikthemen oder die Wahrnehmung politischer Kandidaten. Diese Art politischer Orientierungen wird stark in späteren Sozialisationsphasen beeinflusst, vor allem durch aktuelle politische Erfahrungen, und ist relativ leicht modifizierbar.[265]

Jedes der drei Modelle fokussiert also einen anderen Lebensabschnitt als besonders wichtig für politisches Lernen. Da keine Langzeitstudien durchgeführt wurden, ist nicht mit absoluter Sicherheit zu sagen, in welcher Lebensphase nun tatsächlich die entscheidende Prägung der politischen Persönlichkeit stattfindet.[266] WEISSBERGS Argumentation dafür, sich nicht nur auf ein Modell zu beschränken, ist aber einsichtig: In *jeder* der drei Lebensphasen finden wichtige Prozesse politischen Lernens statt. Frühes Lernen ist besonders relevant und einflussreich, wenn es um grundlegende und allge-

---

[264] Weissberg, 1974, 28-29
[265] Weissberg, 1974, 24-25 / 29-30
[266] Weissberg, 1974, 30

meine politische Orientierungen geht, die von aktuellen politischen Konflikten und Geschehnissen unabhängig sind. Die politische Erwachsenensozialisation trägt mehr zur Entstehung spezifischer und enger gefasster Orientierungen bei, die sich zum Beispiel auf komplexe politische Sachfragen beziehen. In der Kindheit wird damit der breite Rahmen der politischen Welt eines Menschen geschaffen, in dem weiterhin die spezifischere Entwicklung der politischen Identität stattfindet.[267]

5.4 Politikwissenschaftliche Modelle politischen Lernens

Die drei Modelle des politischen Lernens stammen aus der Sozialisationsforschung. In der politikwissenschaftlichen Literatur finden sich andere Begrifflichkeiten und Thesen, mit denen versucht wird, Stabilität und Wandel politischer Orientierungen im Lebenslauf zu erklären und prägende Einflüsse zeitlich festzulegen. Es werden drei Thesen unterschieden, die unterschiedliche Zeitkomponenten der politischen Sozialisation enthalten.[268]

5.4.1 Generationsthese

Die Generationsthese geht davon aus, dass die historische Zeitspanne, in der ein Mensch seine primäre politische Sozialisation erfährt, besonders prägend für seine politische Persönlichkeit ist. Grundlegende politische Werte, Einstellungen und Überzeugungen werden in erster Linie durch die politische Situation und die politischen Ereignisse, welche die formativen Jahre der Generation auszeichnen, geprägt. Als formative Phase wird hierbei meist die Jugend angesehen.[269] Jeder Mensch gehört einer bestimmten „politischen Generation" an. Alle Mitglieder dieser Generation, machen in ihrer Prägungsphase ähnliche politische Grunderfahrungen, indem sie mit den gleichen historisch-politischen Schlüsselereignissen konfrontiert werden. Durch die Auseinandersetzung damit kommen sie zu gleichen oder sehr ähnlichen politischen Normen und Werten, Einstellungen und Verhaltensdispositionen und es entwickelt sich in jeder Generation ein kollektives Muster typischer Orientierungen. Eine Generation, deren prägende Phase in einer Kriegszeit lag,

---

[267] Weissberg, 1974, 25 / 30
[268] Bürklin, 1988, 81
[269] Bürklin, 1988, 81 / 92 / 110; Klein, 1991, 138; Zängle, 1978, 71-72

wird anders politisch sozialisiert sein als eine Generation, die ihre Prägung in der Zeit des Wirtschaftswunders nach dem zweiten Weltkrieg erfahren hat. Politische Orientierungen, die durch die Zugehörigkeit zu einer politischen Generation geprägt werden, bleiben in der Regel über das ganze Leben hinweg relativ konstant.[270]

5.4.2 Lebenszyklusthese

Im Gegensatz zur Generationsthese geht die Lebenszyklusthese nicht von einer politisch dauerhaft prägenden Phase aus, sondern postuliert, dass sich politische Orientierungen in den unterschiedlichen Phasen des Lebenszyklus immer wieder verändern. Die Position, die der Einzelne in der gesellschaftlichen Hierarchie einnimmt, ändert sich in den unterschiedlichen Lebensstadien. Abhängig von dieser sich wandelnden Position ändern sich auch politische Einstellungen, Werte und politisches Verhalten.[271]

5.4.3 Periodeneffekte

In einem dritten Ansatz werden Periodeneffekte, auch institutionelle Lebenszykluseffekte genannt, zur Erklärung der Entwicklung politischer Orientierungen herangezogen. Dabei ist der jeweilige zeitliche Abstand zur letzten politischen Mobilisierungsphase ausschlaggebend dafür, inwieweit sich politische Einstellungen wandeln. Politische Ereignisse, die in einer bestimmten geschichtlichen Periode auftreten, haben Auswirkungen auf die politischen Ideen, Wertvorstellungen und Verhaltensweisen der Gesellschaftsmitglieder. Diese so genannten Periodeneffekte wirken sich unabhängig von der Zugehörigkeit zu einer bestimmten politischen Generation und von der momentanen Phase des Lebenszyklus auf *alle* Menschen aus. So können aktuelle politische Ereignisse wie der Irakkrieg oder Entwicklungen wie der Anstieg der Arbeitslosigkeit die politische Sozialisation beeinflussen.[272] Perioden- beziehungsweise institutionelle Lebenszykluseffekte spielen für die politische Persönlichkeitsbildung bei Kindern vor allem auch deshalb eine Rolle, weil sie die primären Sozialisationseffekte gewichten können. Das bedeutet, wenn ein

---

[270] Bürklin, 1988, 92 / 110-112; Fogt, 1982, 21 / 25; Klein, 1991, 138
[271] Bürklin, 1988, 81 / 92 / 110; Klein, 1991, 138
[272] Bürklin, 1988, 82 / 93; Fogt, 1982, 22; Klein, 1991, 138-139

Kind seine primäre politische Sozialisation in einer Periode intensiver gesellschaftspolitischer Mobilisierung erfährt, wird es stärker geprägt und politisiert werden, also zum Beispiel intensivere Partei- oder Kandidatenbindungen entwickeln, als andere Kinder.[273]

Wie bei den sozialisationstheoretischen Modellen sind auch bei den politikwissenschaftlichen Thesen keine eindeutigen Belege für die Gültigkeit einer der Thesen vorhanden. Zu ihrer Überprüfung fehlen individuelle längsschnittliche Datenreihen, die sich über verschiedene Lebenszyklen erstrecken, sowie längsschnittliche Datenreihen für Personengruppen, die ihre politische Prägung in unterschiedlichen Generationen erhalten haben. Die Erhebung solcher Daten wäre jedoch enorm aufwändig.[274] ZÄNGLE (1978) und KLEIN (1991) fassen den Forschungsstand so zusammen, dass die bisherigen Ergebnisse keine sichere Aussage über Lebenszykluseffekte zulassen, dass sie aber eher für die Generationsthese sprechen. Beide plädieren dafür, dass Kristallisationszeiten für verschiedene politische Orientierungen unterschiedlich sein können.[275] BÜRKLIN (1988) und KLEIN (1991) vermuten, dass – ähnlich wie bei den sozialisationstheoretischen Modellen politischen Lernens – alle drei Thesen in bestimmten Bereichen ihre Berechtigung haben. Wahrscheinlich lassen sich sowohl generationsspezifische Prägungen als auch die lebenszyklische und periodenbedingte Veränderung politischer Orientierungen nachweisen. Zudem wird es so sein, dass besonders die Generationseffekte durch Periodeneffekte verstärkt oder abgeschwächt werden können.[276]

5.5   Fazit zur Relevanz politischer Orientierungen von Kindern

Im Endeffekt ist es nicht erwiesen, wie das politische Denken und Verhalten des Erwachsenen genau mit der manifesten politischen Sozialisation in der Kindheit zusammenhängt. Die Persistenz des frühen Lernens kann nicht endgültig belegt, jedoch auch nicht widerlegt werden. Immerhin lassen die Forschungsbefunde aber das Aufstellen von Thesen zu.

---

[273] Bürklin, 1988, 82
[274] Bürklin, 1988, 93 / 111-112; Klein, 1991, 139
[275] Klein, 1991, 139 / 145; Zängle, 1978, 71-72 / 147-148
[276] Bürklin, 1988, 112; Klein, 1991, 145

Fraglich ist, warum ein Streit über die Wichtigkeit der verschiedenen Lebensphasen entsteht. Politische Sozialisation ist ein lebenslanger Prozess und vermutlich kann man frühem Lernen *und* späteren Erfahrungen Gewicht zugestehen. Es zeigt sich nämlich, dass unterschiedlichen Lebensphasen beim Lernen unterschiedlicher politischer Orientierungen auch unterschiedliche Bedeutung zukommt. Grundlegende, eher allgemeine politische Orientierungen bezüglich der Politik werden schon sehr früh gelernt und verfestigt. Spezifischere politische Orientierungen, die sich auf komplexere, aktuelle Themen und Konflikte beziehen, werden im Lebenszyklus – unter anderem auch durch aktuelle politische Geschehnisse – immer wieder modifiziert und aktualisiert. In der Kindheit werden die basalen Grundsteine und Orientierungsmuster für das spätere politische Denken und spätere politische Orientierungen gelegt. Somit kommt der manifesten politischen Sozialisation im Kindesalter eine wichtige Bedeutung für die politische Persönlichkeitsentwicklung zu.

6. Empirische Studie: Politisches Interesse, politisches Wissen und politische Einstellungen von Kindern

6.1 Fragestellung und Zielsetzung

Die amerikanischen ebenso wie die wenigen deutschen Befunde verdeutlichen, dass schon im Kindesalter politisches Lernen stattfindet und dass Kinder bereits verschiedene politische Orientierungen haben. Da die jeweiligen Untersuchungen jedoch nicht mehr aktuell sind und sich die amerikanischen Daten nicht direkt auf deutsche Kinder übertragen lassen, soll die vorliegende empirische Studie diese Forschungslücke in ersten Ansätzen schließen. Es wird untersucht, wie das Politikbild von deutschen Kindern im vierten und im siebten Schuljahr aussieht.

Drei übergeordnete Forschungsbereiche stehen im Zentrum des Interesses[277]:

1. Politisches Interesse von Kindern
Forschungsfrage ist hier, inwieweit sich Kinder bereits für Politik und politische Themen interessieren.

2. Politisches Wissen von Kindern
Forschungsfrage ist hier, inwieweit Kinder politische Kenntnisse und eine Vorstellung von politischen Grundstrukturen haben.

3. Politische Einstellungen von Kindern
Forschungsfrage ist hier, welche Einstellungen Kinder gegenüber der Politik und ihren Akteuren haben: Was halten Kinder von Politik und Politikern, bewerten sie diese eher positiv oder eher negativ?

Jeder der drei Fragebereiche wird anhand exemplarisch ausgewählter Fragen beleuchtet. Es soll auch geprüft werden, inwiefern sich die beiden Altersgruppen (vierte und siebte Klasse), die beiden Geschlechter und die beiden Bildungstypen (Hauptschule und Gymnasium) in ihrem Interesse,

---

[277] Zur Begründung der Bedeutsamkeit der drei ausgewählten Forschungsbereiche: siehe Kapitel 2.4

ihrem Wissen und ihren Einstellungen bezüglich Politik voneinander unterscheiden.

Ziel der vorliegenden Studie ist in erster Linie, Wissen über politische Orientierungen von Kindern zu erwerben und zu beschreiben. Darüber hinaus sollen mit Hilfe einbezogener Hintergrundvariablen Unterschiede im Interesse, im Wissen und in den Einstellungen ansatzweise erklärt werden. Für die Praxis wird schließlich versucht werden, aus den Ergebnissen Schlüsse für die politische Bildung zu ziehen.

6.2 Erhebungsmethode

Um eine größere Anzahl von Kindern in die Untersuchung einbeziehen zu können, wurde die Methode der schriftlichen Befragung anhand eines halbstandardisierten Fragebogens gewählt. Bei den Schülern der siebten Klassen kann man davon ausgehen, dass sie in der Lage sind, ohne größere Schwierigkeiten den Anforderungen eines schriftlichen Fragebogens gerecht zu werden. Die Bedenken bezüglich der Ausdrucksfähigkeit, Schreibkompetenz und Ausdauer der Viertklässler wurden durch die Durchführung eines Pretest ausgeräumt: Die fünf Grundschüler, die beim Pretest mitmachten, füllten bereitwillig den ganzen Fragebogen aus und es ergaben sich keine größeren Schwierigkeiten. Die Fragen wurden so weit es möglich war geschlossen gestellt, um den Schülern das Ausfüllen zu erleichtern. Allerdings ließen sich an einigen Stellen offene Fragen nicht vermeiden, da besonders Wissen nicht immer mit vorgegebenen Antwortkategorien valide und reliabel messbar ist. Um den Umgang mit dem schriftlichen Fragebogen noch zu erleichtern, wurden die Schüler nicht mit dem Fragebogen allein gelassen, sondern die Fragen wurden laut vor der ganzen Klasse vorgelesen und gemeinsam ausgefüllt. Der Fragebogen wurde übersichtlich gestaltet, die Fragen möglichst kindgerecht formuliert und es wurde darauf geachtet, dass der Fragebogen weder zu anspruchsvoll für die jüngeren Kinder noch zu unterfordernd für die älteren Kinder ist.

6.3   Datengrundlage

Beschreibung der Stichprobe

Die Befragung wurde in sechs Schulklassen durchgeführt. Um unterschiedliche Alters- und Bildungsgruppen vergleichen zu können, wurden zwei vierte Grundschul-, zwei siebte Hauptschul- und zwei siebte Gymnasialklassen ausgewählt. Insgesamt bestand die Stichprobe aus 149 Schülern und Schülerinnen. Die Befragten waren zum Zeitpunkt der Befragung im Alter von neun bis zehn sowie von zwölf bis 13 Jahren.[278]

Im Zeitraum zwischen Kindheit und angehender Jugend findet eine starke Entwicklung im politischen Denken statt.[279] Für die Grundschüler wurden Viertklässler ausgewählt, da jüngere Kinder womöglich noch nicht in der Lage sind, schriftliche Fragebögen zu bearbeiten. Für die älteren Kinder wurden Siebtklässler ausgewählt, da dieses Alter – zwölf bis 13 Jahre – genau an der Grenze zwischen Kindheit und Jugend liegt.[280]

Einen Gesamtüberblick über die Stichprobe bietet folgende Tabelle:

Abbildung 1: Überblick über die untersuchte Stichprobe

		Geschlecht		Gesamt
		Jungen	Mädchen	
Schulklasse	4a	17	7	24
	4b	11	11	22
	7a HS	11	6	17
	7b HS	7	12	19
	7a Gym	19	14	33
	7b Gym	14	20	34
Gesamt		79	70	**149**

Basis: n=149 (alle Befragten)

---

[278] Obwohl ein Kind elf Jahre alt ist und vier bereits 14 Jahre alt sind, wird in den folgenden Teilen der Arbeit der Einfachheit halber nur von den Gruppen der „Neun- bis Zehnjährigen" und der „Zwölf- bis 13-Jährigen" gesprochen.

[279] Greenstein, 1965, 1-2

[280] Easton / Dennis, 1969, 76; Erikson / Luttbeg / Tedin, 1988, 135; Behr, 1983, 20; Kevenhörster, 2003, 96

Da aus pragmatischen Gründen keine Zufallsauswahl getroffen wurde, erhebt das Sample keinen Anspruch auf Repräsentativität. Das bedeutet, die Ergebnisse sind nicht verallgemeinerbar, sondern beschränken sich auf die untersuchte Gruppe.

Untersuchungsorte
Die Schulen, in denen die Befragung durchgeführt wurde, befinden sich in Schwaben. Die befragten Grund- und Hauptschüler wohnen in einer Gemeinde mit 4.432 Einwohnern oder kleineren umliegenden Gemeinden. Die befragten Gymnasiasten leben in einer Kleinstadt (12.025 Einwohner) oder kleineren umliegenden Gemeinden.

Untersuchungszeitraum
Die Befragungen fanden im Zeitraum zwischen dem 20. und 28. September 2004 statt. Zuvor war im Juli 2004 eine erste Vorbefragung durchgeführt worden. Ein Pretest zur Kontrolle des entwickelten Fragebogens hatte in der Woche vor Beginn der Befragungen stattgefunden.

6.4   Operationalisierung

Der Fragebogen gliedert sich inhaltlich in die Bereiche „politisches Interesse", „politisches Wissen" und „politische Einstellungen". Zusätzlich wurden soziodemografische Daten und einige Hintergrundvariablen erhoben.[281]
Der Fragebogen ist so aufgebaut, dass die Fragen sukzessive schwieriger werden. Um die Kinder an den Umgang mit einem Fragebogen zu gewöhnen, werden zu Beginn Eisbrecherfragen gestellt (Lieblingsfernsehsendung, Mediennutzung). Danach folgen relativ einfach zu beantwortende Fragen zum politischen Interesse und Fragen zu Hintergrundvariablen. Schwierigere Wissens- und Einstellungsfragen werden erst danach gestellt.
Im Folgenden wird beschrieben, wie die drei Konzepte, um die es in der Arbeit geht, operationalisiert wurden und welche Zusatzinformationen erfasst wurden.

---

[281] Der Fragebogen findet sich im Anhang, S. 183 ff.

6.4.1 Erfassung von Hintergrundvariablen

Zu jedem der drei wesentlichen Sozialisationsagenten der Kindheit wurden entsprechende Faktoren als Hintergrundvariablen erhoben. Für die Familie wurde die politische Kommunikation im Elternhaus ermittelt: Wie häufig sprechen die Eltern zu Hause über Politik und beziehen sie dann auch das Kind ein oder sprechen sie nur untereinander (Frage 8 / 8a)? Für die Schule wurde gefragt, ob im Unterricht bereits politische Inhalte behandelt wurden und wenn ja, welche das waren (Frage 9 / 9a). Für die Medien wurde die Nutzung politischer Medieninhalte erhoben: Wie häufig sieht das Kind fern und wie häufig sieht es Kindernachrichten oder Nachrichten (Frage 2 / 2a)? Wie häufig hört es Radio und Nachrichten im Radio (Frage 3 / 3a)? Und wie häufig liest das Kind Zeitung und dabei lokal-, bundes- oder weltpolitische Berichte (Frage 4 / 4a)? Als Antwortkategorien wurden für die politische Kommunikation in der Familie „oft", „manchmal", „nur selten" und „nie" beziehungsweise für die Mediennutzung „oft", „manchmal" und „nie" vorgegeben.[282]

Diese Hintergrundvariablen sind Grundlagen manifester politischer Beeinflussung. Sie können möglicherweise dazu beitragen, Unterschiede im politischen Interesse, Wissen und den politischen Einstellungen der befragten Kinder zu erklären.[283] Die Hintergrundvariablen stellen in der Auswertung unabhängige Variablen dar, von denen die kindlichen Orientierungen bezüglich Politik abhängen könnten. So wäre beispielsweise denkbar, dass ein Kind dessen Eltern politisch interessiert sind und häufig über Politik sprechen, ebenfalls ein höheres Politikinteresse entwickelt.

---

[282] Diese Kategorien können zwar von Kind zu Kind unterschiedliche Bedeutung haben, es wäre aber vermutlich wenig sinnvoll, die Kinder nach einer präzisen Häufigkeitsangabe zu fragen.
[283] vgl. Kapitel 3.2

6.4.2 Operationalisierung des politischen Interesses

Im ersten Teil der Studie geht es um das Interesse von Kindern des vierten und siebten Schuljahres an Politik und politischen Themen. Dabei wird untersucht, inwieweit bei Kindern dieser Altersgruppen überhaupt schon politisches Interesse vorhanden ist und ob es politische Themen gibt, die Kinder ansprechen.

Um etwas über das Politikinteresse von Kindern zu erfahren, ist es nahe liegend, zunächst direkt nach einer **Selbsteinschätzung** des eigenen politischen Interesses zu fragen (Frage 6). Die Kinder, die hier angaben, sich „sehr" oder „ein bisschen" für Politik zu interessieren, wurden zusätzlich offen nach speziellen politischen Themen gefragt, die sie spannend finden (Frage 6a). Die Kinder, die angaben, Politik „nicht so interessant" zu finden, wurden aufgefordert, anhand vorgegebener Auswahlmöglichkeiten ihr Desinteresse zu begründen (Frage 6b).

Es ist zu erwarten, dass die Frage nach dem subjektiven Politikinteresse ein eher geringes Politikinteresse ergibt, weil „Politik" vermutlich mit abstrakten, langweiligen Reden und Diskussionen assoziiert wird. Da aber zu vermuten ist, dass es durchaus politische Themen gibt, für die sich Kinder interessieren, die sie auf den ersten Blick aber nicht mit „Politik" in Verbindung bringen, wurde noch eine Frage zu konkreten **Themeninteressen** mit politischem Bezug in den Fragebogen aufgenommen (Frage 21): Die Kinder wurden gebeten, anzugeben, wie interessant sie die Themen „Umwelt / Umweltschutz", „Ausländerfeindlichkeit", „Arbeitslosigkeit", „Terror und Krieg" sowie „Geschichte" finden. Da es möglich ist, dass Kinder stärkeres Interesse für lokale Politik zeigen, wurde hier auch das allgemeine Politikinteresse in Interesse an Lokal-, Bundes- und Weltpolitik aufgegliedert. Als ergänzende Hinweise wurden zusätzlich zu den direkten Interessensfragen **Indikatoren** erhoben, die weitere Rückschlüsse auf das politische Interesse der Kinder ermöglichen: In Anlehnung an MÜLLER (1971) wurden die Kinder gefragt, ob es ihnen gefiele, wenn im Schulunterricht mehr über Politik und politische Themen gesprochen würde (Frage 10). Da Kinder noch kaum Möglichkeiten zur direkten politischen Partizipation haben, wurde als zweiter Indikator die Häufigkeit politischer Gespräche mit Eltern, Lehrern, Geschwistern oder Freunden herangezogen (Frage 7). Die politische Mediennutzung, die bei

Erwachsenen häufig als Indikator für politisches Interesse verwendet wird, soll hier nicht als Zeichen von Politikinteresse gewertet werden, weil sich Kinder nicht unbedingt aus Interesse, sondern oft aus anderen Gründen politischen Medieninhalten zuwenden.[284] Vor allem Fernseh- und Radionachrichten werden häufig zufällig genutzt oder nur durch die Nutzung der Eltern mitrezipiert.

Praktische Relevanz

Die Interessensfragen zielen darauf ab, herauszufinden, an welchen Themen die politische Bildung ansetzen könnte, um Kinder bezüglich Politik und politischer Inhalte anzusprechen. Möglicherweise finden sich politische Themenbereiche, für die sich auch diejenigen Kinder begeistern können, die nicht an Politik im Allgemeinen interessiert sind. Wenn es gelingt, Kinder für Politisches zu interessieren, so kann auch erfolgreiche Wissensvermittlung in diesem Bereich stattfinden.

Da Kinder insgesamt vermutlich ein eher geringes Interesse an Politik bekunden, ist es wichtig zu erfragen, wo die Ursachen für das Desinteresse liegen. So können Möglichkeiten gefunden werden, diese auszuschalten und die Rahmenbedingungen zu verbessern.

6.4.3 Operationalisierung des politischen Wissens

Der zweite Teil der Untersuchung behandelt politisches Wissen von Kindern der vierten und siebten Jahrgangsstufe: Was wissen Kinder bereits über Politik, welche Vorstellungen und Kenntnisse haben sie? Dabei geht es nur um Faktenwissen, nicht um Strukturwissen. Um „politisches Wissen" zu operationalisieren, wurde das Konstrukt in vier Unterbereiche unterteilt:

a) Wissen bezüglich Politikern
b) Wissen bezüglich Parteien
c) Wissen bezüglich politischer Themen
d) Wissen bezüglich des politischen Systems

Diese vier Unterbereiche sind abgeleitet aus der Auflistung von DELLI CARPINI UND KEETER (1996), was ein Bürger über Politik wissen sollte: Politisches

---

[284] vgl. Kapitel 3.2.3.1

Grundlagenwissen beinhaltet Wissen darüber, „what government is" (d), „who government is" (a und b) und „what government does" (c).[285] Die Wissensbereiche sind jedoch nicht immer völlig trennscharf voneinander abgrenzbar. Wie beim Interesse wurde auch hier direkt nach der Höhe des eigenen politischen Wissens gefragt, um eine subjektive **Selbsteinschätzung** der Befragten zu erhalten (Frage 11). Zum **Politikerwissen** wurde zunächst die Bekanntheit politischer Akteure bei Kindern erfragt: Zuerst sollten die Kinder auf eine offen gestellte Frage hin notieren, welche Politiker sie kennen (Frage 12). An einer späteren Stelle im Fragebogen wurde getestet, ob die Kinder ausgewählte Politiker anhand von Portraits erkennen (Frage 15). Die bildgestützte Erkennung wurde zusätzlich durchgeführt, weil es sein kann, dass den Kindern einige Politiker zwar bekannt, aber nicht ohne Stütze spontan abrufbar sind. Zu den auf die offene Frage genannten Politikern wurde weiter gefragt, welcher Partei diese angehören und welches Amt sie ausüben (Frage 12). Da zum grundlegenden Politikerwissen auch ein gewisses Verständnis der Rolle politischer Entscheidungs- und Handlungsträger gehört, wurde eine offene Frage zum Wissen der Kinder über die Aufgaben und Tätigkeiten von Politikern im Allgemeinen gestellt (Frage 13). **Wissen bezüglich politischer Parteien** beinhaltet wenigstens die Kenntnis der wichtigsten Parteien und eine grundlegende Vorstellung von deren Standpunkten und Zielen. Daher wurden die Kinder offen gefragt, welche Parteien sie kennen (Frage 22). Drei weitere offene Fragen zielten darauf ab, herauszufinden, inwieweit Kinder eine Idee davon haben, welche groben programmatischen Unterschiede zwischen den Parteien bestehen beziehungsweise welche Ziele einzelne Parteien verfolgen: Für je drei zentrale Parteien (CDU / CSU, SPD, Bündnis 90 / Die Grünen) wurde nach deren Zielen und typischen Merkmalen gefragt (Frage 24 / 25 / 26). Das **Wissen bezüglich politischer Themen** wurde anhand einer einzelnen Frage erfragt. Um zu erfahren, inwieweit die Kinder über aktuelle Themen und Problemlagen informiert sind, wurden sie gebeten, zu beschreiben, um was es in einem politischen Medienbericht ging, an den sie sich erinnern können (Frage 5). Der Unterbereich zum **Wissen bezüglich des politischen Systems** zielt auf Kenntnisse politischer Grundstrukturen ab: Kennen die Kinder die wichtigsten Prinzipien und Institutionen

---

[285] Delli Carpini / Keeter, 1996, 63-65

des politischen Systems? Da vermutlich viele Kinder zumindest schon einmal von Begriffen wie „Regierung", „Bundestag" und „Demokratie" gehört haben, wurde jeweils zuerst gefragt, ob der Begriff bekannt ist (Frage 27 / 29 / 30). Wenn dies bejaht wurde, wurde offen nach Definition und Aufgaben der Regierung beziehungsweise des Bundestags und dem Wissen zur Demokratie gefragt (Frage 27a / 29a / 30a). Bezüglich der Regierung sollten die Kinder noch angeben, aus welchen Parteien sich diese derzeit zusammensetzt (Frage 28). Um zu überprüfen, ob sich Kinder darüber bewusst sind, dass Politiker gewählte Repräsentanten des Volkes sind, wurden sie offen danach gefragt, wie man Politiker werden kann (Frage 14). Zudem wurde erfragt, ob Kinder Politik schon zu sich selbst und ihrem Leben in Bezug setzen können: Wissen sie, dass politische Bedingungen und Entscheidungen Einfluss auf ihre unmittelbare Lebenswelt haben oder fehlt dieses Verständnis noch (Frage 31)?

Praktische Relevanz

Der Wissensteil der Untersuchung soll herausfinden, wie viel beziehungsweise was Kinder der untersuchten Altersgruppen über die wesentlichsten Elemente des politischen Systems in Deutschland wissen. Das zu erforschen ist wichtig, denn um Kinder zu politisch aufgeklärten und mündigen Bürgern zu erziehen, muss bei ihnen auch ein Grundstock an politischem Wissen geschaffen werden.[286] Und um dieses Wissen zu vermitteln, sind Kenntnisse über den bisherigen politischen Wissensstand und die politischen Denkweisen von Kindern erforderlich.[287] Daran sollte politischer Unterricht anknüpfen. Für eine optimale Förderung ist es notwendig, die politischen Wahrnehmungen und Vorstellungen von Kindern und Jugendlichen zu kennen, um angemessen damit umzugehen und sie präzisieren und strukturieren zu können.

---

[286] vgl. Kapitel 2.4
[287] vgl. Kapitel 1

6.4.4 Operationalisierung der politischen Einstellungen

Im dritten Teil der Studie geht es darum, welche politikbezogenen Einstellungen Kinder des vierten und siebten Schuljahres schon entwickelt haben. Hier interessieren Einstellungen wie die kindliche Bewertung von Politikern, das Vertrauen, das Kinder in deren Handeln setzen, ob Kinder generell ein eher positives oder negatives Bild von der deutschen Politik haben oder ob Kinder schon Sympathien für bestimmte politische Parteien empfinden. Zur Operationalisierung der „politischen Einstellungen" werden zwei Unterbereiche zur Untergliederung herangezogen:

a) Einstellungen bezüglich Politikern

b) Einstellungen bezüglich Parteien

Diese beiden Unterbereiche wurden gewählt, weil sie analog zur Operationalisierung der Variable „Wissen" sind.[288] Um den Fragebogen möglichst kurz zu halten, wird hier bewusst auf die zwei weiteren Bereiche aus der Wissensoperationalisierung – „politische Themen" und „politisches System" – verzichtet. Politiker und Parteien wurden deshalb herausgegriffen, weil diese vermutlich am sichtbarsten für Kinder sind und daher auch am wahrscheinlichsten schon Einstellungen in diesen Bereichen bestehen.[289]

Um einen ersten Eindruck von der **allgemeinen Einstellung** der Kinder zur Politik zu erhalten, wurden die Kinder gefragt, wie sie die Politik in Deutschland spontan bewerten würden (Frage 16). Zur Auswahl wurden die Bewertungsmöglichkeiten „gut", „es geht so" und „schlecht" gestellt. Um zu vermeiden, dass eine Bewertung angekreuzt wird, obwohl gar keine Einstellung vorhanden ist, wurde auch die Kategorie „ich weiß nicht" angeboten. Der Fragebereich **Einstellungen bezüglich Politikern** beinhaltet Fragen zur Bewertung des Bundeskanzlers und Fragen zur Einstellung und zum Vertrauen der Kinder gegenüber Politikern im Allgemeinen. Da die meisten Kinder vermutlich den deutschen Bundeskanzler kennen[290], wurde er als Einstellungsobjekt ausgewählt. Zum einen wurden die Kinder gefragt, ob sie Bundeskanzler Schröder eher sympathisch oder eher unsympathisch finden (Frage 18). Als dritte Antwortmöglichkeit wurde bei dieser Frage die Kategorie „ich

---

[288] vgl. Kapitel 6.4.3
[289] vgl. Kapitel 4
[290] vgl. Kapitel 4.2.2

kenne Gerhard Schröder nicht" offen gelassen. Zum anderen geht es um spezifischere Einstufungen des Bundeskanzlers anhand verschiedener Vorgaben (Frage 19): Während sich die bisherigen Fragen eher auf affektive Einstellungskomponenten beziehen, zielt diese Fragestellung auf die kognitive Komponente der Einstellung ab. Anhand von jeweils drei Antwortkategorien („immer" / „sehr" / „oft", „manchmal" / „ein bisschen", „nicht" / „nie" / „nur selten") sollten die Kinder einschätzen, ob ihnen der Bundeskanzler bei persönlichen Problemen helfen würde, ob er sich für einen von ihnen geschriebenen Brief interessieren würde, ob er seine Versprechen hält und wie oft er Fehler macht. Diese vier Einschätzungsvorgaben sind ausgewählte Aspekte, die dem Fragebogen von EASTON UND DENNIS (1969) entnommen wurden. Um auch allgemeinere Einstellungen zu erfassen, enthält der Fragebogen zwei Fragen, die auf Einstellungen und Vertrauen gegenüber Politikern generell abzielen: Die Kinder wurden gebeten, aus fünf Aussagen, diejenigen auszuwählen, die sie für zutreffend halten (zum Beispiel „Die Politiker treffen meistens die richtigen Entscheidungen für unser Land" oder „Die Politiker machen oft *nicht* das, was die Bürger wollen.") (Frage 17). Dabei wurden die Aussagen bewusst teils positiv, teils negativ formuliert, um die Kinder nicht suggestiv in eine positive oder negative Richtung zu lenken. Diese Aussagen fokussieren wieder mehr die kognitive Einstellungskomponente. Des Weiteren sollten die Befragten einschätzen, ob die Politiker ihre Arbeit insgesamt gut machen, wofür die Antwortmöglichkeiten „ja", „nein", teils teils" und „ich weiß nicht" vorgegeben wurden (Frage 20). Hinsichtlich der kindlichen **Einstellungen bezüglich Parteien** wird nur die Parteiidentifikation berücksichtigt. Da die früheren politischen Sozialisationsstudien ergaben, dass Kinder zum Teil schon früh Parteipräferenzen haben[291], wurden die Kinder auch in dieser Untersuchung gefragt, ob sie eine der deutschen Parteien favorisieren (Frage 23). Diese Frage wurde halboffen gestellt, um die Kinder nicht dazu zu verleiten, willkürlich irgendeine Partei anzukreuzen, obwohl gar keine Präferenz vorhanden ist.

---

[291] vgl. Kapitel 4.1.3 und 4.2.3

Praktische Relevanz

Dieser dritte Untersuchungsteil soll in erster Linie überprüfen, ob Kinder der untersuchten Altersgruppen überhaupt schon politische Einstellungen gegenüber Politikern als wesentlichem Teil des politischen Systems haben und ob diese eher positiv oder eher negativ besetzt sind. Dieses Wissen ist von Interesse, weil grundlegende Kindheitseinstellungen stabil bleiben können und später schwer zu revidieren sind.[292] Daher sollte schon früh ein grundlegendes Vertrauen in das politische System aufgebaut werden, das Voraussetzung für die Bereitschaft zur aktiven Beteiligung ist. Zwar ist auch Kritikfähigkeit wichtig, so dass die Entscheidungen und Handlungsweisen politischer Persönlichkeiten und Institutionen nicht bedingungslos hingenommen werden. Generell sollte das politische System aber ohne Vorurteile akzeptiert und unterstützt werden.[293]

Zu untersuchen, ob Kinder schon mit einer bestimmten Partei sympathisieren, ist vor allem deshalb aufschlussreich, weil Parteibindungen oft über das ganze Leben hinweg stabil bleiben.[294] Wenn Kinder also gefühlsmäßig schon früh einer Partei anhängen, so kann das durchaus bedeutsam für die spätere politische Persönlichkeit sein.

6.4.5 Erstellung eines Wissens- und eines Einstellungsindex

Um die Vielzahl der einzelnen Antworten zusammenzufassen und damit besser erfassbar und vergleichbar zu machen, wurde für das politische Wissen und für die politischen Einstellungen der Kinder je ein Index gebildet. Dafür wurden die Antworten kategorisiert und jeweils mit Punkten bewertet. Aus der Summe der Punktwerte wurde für jedes einzelne Kind ein Wissens- und ein Einstellungsindex gebildet. Für das politische Interesse der Kinder wurde kein Index erstellt. In der weiterführenden Auswertung wird das subjektiv empfundene Politikinteresse (Frage 6) als Variable und Maßstab für das Interesse herangezogen.

---

[292] vgl. Kapitel 5
[293] Easton / Dennis, 1969, 4 / 62-63; Hess / Torney, 1967, 61
[294] Greenstein, 1965, 64-65

Erstellung des Wissensindex

Jede einzelne Antwort auf die Wissensfragen[295] wurde zunächst mit „gar kein bis geringes Wissen", „mittleres Wissen" oder „höheres Wissen" kodiert. Nach welchen Kriterien die Zuordnung jeweils erfolgte, ist von der einzelnen Frage abhängig und kann daher nicht pauschal festgelegt werden. Die Beschreibung, wie die einzelnen Antworten den Kategorien zugeordnet wurden, findet sich im Anhang.[296] Um einen Gesamtindex über alle Wissensfragen hinweg zu bilden, wurden für jede Antwort der Kategorie „mittleres Wissen" ein Punkt und für jede Antwort der Kategorie „höheres Wissen" zwei Punkte vergeben. Antworten der Kategorie „gar kein bis geringes Wissen" bekamen null Punkte. Die vergebenen Punkte wurden über alle Wissensfragen hinweg aufsummiert und ergeben einen Gesamtpunktwert, der als Maßzahl für die Höhe des politischen Wissens der einzelnen Kinder verwendet wird. Maximal sind dabei 24 Punkte erreichbar – das ist der Fall, wenn ein Kind bei allen Wissensfragen „höheres Wissen" hat.

Erstellung des Einstellungsindex

Die Antworten auf die Einstellungsfragen[297] wurden eingeteilt in die Kategorien „negative Einstellung", „mittlere Einstellung", „positive Einstellung" oder „keine Angabe / ich weiß nicht". Wie die Zuteilung jeweils erfolgte, wird im Anhang beschrieben.[298] Auch hier wurde ein Gesamtindex über alle Einstellungsfragen hinweg gebildet, indem alle Antworten mit Punktwerten kodiert wurden. Für jede positive Aussage wurde ein Pluspunkt vergeben, für jede negative Aussage ein Minuspunkt. Keine Angaben sowie neutrale Aussagen, also jeweils die mittlere vorgegebene Antwortkategorie oder die Angabe „ich weiß nicht", entsprechen null Punkten. Somit lässt sich nicht mehr unterscheiden, ob ein Kind gar keine Einstellung hat oder zwar eine Einstellung hat, die aber weder besonders positiv noch besonders negativ ist. Der Index trifft also nur eine Aussage darüber, wie positiv beziehungsweise negativ ein Kind insgesamt eingestellt ist. Die vergebenen Punkte wurden wiederum für alle

---

[295] Zur Bildung des Wissensindex wurden die Fragen 5, 12, 13, 14, 15, 22, 24-26, 27a, 28, 29a, 30a und 31 herangezogen.
[296] siehe Anhang, S. 193 ff.
[297] Zur Bildung des Einstellungsindex wurden die Fragen 16, 17, 18, 19 und 20 herangezogen.
[298] siehe Anhang, S. 198 f.

Fragen aufsummiert und die Summe dient als Maßzahl für die politische Einstellung. Auf dem Einstellungsindex können insgesamt zwischen −12 und +12 Punkte[299] erreicht werden.

6.4.6 Hinweis zur Auswertung

Die erhobenen Daten wurden mit Hilfe des Statistikprogramms SPSS ausgewertet. Da die Studie eher explorative Einblicke in das Politikbild von Kindern geben soll, wurden die Daten in erster Linie deskriptiv ausgewertet. Die Grundauswertung erfolgte anhand der Variablen Altersgruppe, Geschlecht und Schultyp. In der weiterführenden Auswertung wurden das politische Interesse und mit Hilfe des Wissens- und des Einstellungsindex zusätzlich das politische Wissen und die politischen Einstellungen der Kinder mit den Hintergrundvariablen korreliert, um Ansätze zur Erklärung des Interesses, des Wissens und der Einstellungen zu finden.

6.5 Dokumentation der Untersuchungsdurchführung

6.5.1 Vorbefragung

Um Ideen für die Fragebogenkonzeption zu sammeln und erste Eindrücke zu gewinnen, ob eine Befragung über Politik bei Kindern der vierten Schulklasse überhaupt schon sinnvoll ist, wurde eine Vorbefragung mit vier Viertklässlern durchgeführt.[300] Die Lehrerin der Klasse wählte dafür zwei leistungsstärkere und engagierte Kinder, eine mittelmäßig gute Schülerin und eine schwächere Schülerin aus. Es bestätigte sich, dass die Kinder durchaus einiges zum Thema Politik zu sagen haben. Sie werden mit Politischem konfrontiert und haben bestimmte Vorstellungen von und Wissen über Politiker, Parteien und aktuelles Geschehen.

---

[299] Obwohl nur fünf Fragen einbezogen werden, können bis zu + oder −12 Punkte erreicht werden, weil die Fragen teilweise mehrere Einzelfragen oder mehrere Items beinhalten, die jeweils mit Punktwerten versehen werden.
[300] Der Leitfaden und die Interviews der Vorbefragung finden sich im Anhang, S. 160 ff.

6.5.2 Pretest

In einem Pretest mit fünf Kindern der vierten Klasse wurde der Fragebogen auf Verständlichkeit und Durchführbarkeit geprüft. Dabei wurde erprobt, ob die Länge des Fragebogens die Geduld, Ausdauer und Konzentrationsfähigkeit der Kinder überschreitet, ob die Kinder mit dem schriftlichen Ausfüllen des Fragebogens zurecht kommen und ob sie die Instruktionen und Fragestellungen verstehen. Zudem wurde darauf geachtet, welche weiteren Probleme sich ergeben. Mit Siebtklässlern wurde kein Pretest durchgeführt, da sie einen Fragebogen, mit dem Grundschulkinder zurecht kommen, wohl ebenfalls bewältigen dürften.

Aufgrund der Erfahrungen im Pretest wurden einige Änderungen am Fragebogen vorgenommen: Unergiebige Fragen wurden gestrichen, um die Länge des Fragebogens zu reduzieren, und einige Fragestellungen wurden umformuliert. Es waren aber keine größeren Änderungen erforderlich.

6.5.3 Durchführung der Befragung

Die Fragebogenerhebung wurde mit Interviewhilfe in den Schulklassen durchgeführt. Das bedeutet, die Fragen wurden einzeln laut vor der Klasse vorgelesen, wenn nötig erläutert und die Kinder sollten die einzelnen Fragen jeweils gleichzeitig beantworten. Die Befragung sollte nicht länger als eine Schulstunde dauern, um die Aufmerksamkeit der Schüler nicht überzustrapazieren. Zum Teil wurde nach der Hälfte der Zeit eine Pause gemacht. Nach einer kurzen Vorstellung der Interviewerin und der Studie, wurden die Schüler um Hilfe gebeten, beim Forschungsprojekt mitzuhelfen. Es wurde geklärt, wie die Befragung ablaufen soll. Um Hemmungen abzubauen und „Spicken" zu vermeiden, wurde zusätzlich betont, dass die Befragung anonym ist, dass die Befragung keine Prüfung ist, bei der es um Noten oder richtige und falsche Antworten geht, und dass es nicht schlimm ist, wenn man bei schwierigeren Fragen keine Antwort weiß. Die Schüler wurden gebeten, selbständig und ehrlich zu antworten, nicht abzuschreiben und nicht vorzusagen. Während der Befragung wurde besonders darauf geachtet, dass keine Unruhe in der Klasse entsteht und dass jedes Kind jede Frage beantwortet ohne vom Nachbarn abzuschreiben. Zur Belohnung wurden am Ende der Befragung Süßigkeiten an die Kinder verteilt.

6.5.4 Erfahrungen und Schwierigkeiten bei der Durchführung

In allen untersuchten Schulklassen zeigten sich die Schüler sehr hilfsbereit und kooperativ. Alle haben die Befragung bereitwillig, aufmerksam und geduldig mitgemacht. Vermutlich war es auch eine Motivation, dass der normale Unterricht ausfiel und die Befragung als willkommene Abwechslung gesehen wurde. Bei der Vorstellung des Themas „Politik" reagierten zwar einige Kinder erschrocken („Oh Gott, Politik, da weiß ich aber nichts!"), später kamen dann aber von einigen Seiten positive Rückmeldungen („Das war sogar mal ganz interessant."). Einige Schüler zeigten Interesse, indem sie Fragen stellten, andere waren neugierig darauf, was mit ihren Antworten und den Ergebnissen passieren würde.

In den siebten Klassen benötigte die Durchführung der Befragung nicht mehr als eine Schulstunde, zum Teil war sie sogar schon vor Stundenende abgeschlossen. In der Grundschule dauerte die Befragung jeweils etwa 50 bis 60 Minuten.

Als problematisch erwies sich das unterschiedliche Arbeitstempo der einzelnen Schüler. Während die einen noch mit dem Beantworten der aktuellen Frage beschäftigt waren, waren andere schon fertig und füllten den Fragebogen selbständig weiter aus. Dieses Problem trat in allen Klassen auf und war schwer zu kontrollieren. Während die Kinder beim Pretest auch die offenen Fragen geduldig vollständig ausgefüllt haben, ergab sich bei der Befragung in den Schulklassen als weiteres Problem, dass vor allem die drei offen gestellten Fragen am Ende des Fragebogens von relativ vielen Schülern – besonders in der Grund- und Hauptschule – nicht beantwortet wurden. Vermutlich lag der Unterschied zum Pretest darin, dass die einzelnen Schüler beim Pretest aufgrund der kleinen Befragtenanzahl stärker durch die Interviewerin kontrolliert wurden und daher gewissenhafter antworteten.

6.6 Ergebnisdarstellung und Interpretation

Im Folgenden werden die Ergebnisse der empirischen Untersuchung vorgestellt. In die Ergebnisdarstellung werden unmittelbar entsprechende Interpretationen eingebunden. Aus den einzelnen Ergebnisblöcken werden jeweils Konsequenzen für die politische Bildung gezogen.

6.6.1 Hintergrundvariablen: Kontakt mit Politik

Aus der Auswertung der Hintergrundvariablen wird ersichtlich, dass Viert- und Siebtklässler durchaus mit Politik in Berührung kommen – in der Familie, in der Schule und über Medien.

6.6.1.1 Politische Kommunikation im Elternhaus

In den meisten Familien sprechen die Eltern zumindest gelegentlich über Politik. Nur 7% der befragten Kinder geben an, dass ihre Eltern „nie" politische Gespräche führen. „Oft" tun dies aber auch nur 13% der Eltern. Die Mehrheit der Kinder berichtet, dass ihre Eltern „nur selten" (41%) oder „manchmal" (39%) über Politisches sprechen. Dabei handelt es sich jeweils um die vom Kind *wahrgenommene* Häufigkeit politischer Kommunikation im Elternhaus. Die Zwölf- und 13-Jährigen (61%) berichten häufiger als die jüngeren Kinder (33%), dass ihre Eltern „manchmal" oder „oft" über Politik sprechen (Cramer's V = 0,29). Vielleicht sind diese Gespräche den jüngeren Kindern, die zu 67% „nie" und „nur selten" ankreuzen, aber auch nur weniger bewusst. Erstaunlicherweise ergibt sich zwischen den beiden Schultypen kein Unterschied in der wahrgenommenen Häufigkeit elterlicher politischer Kommunikation.

Die Hälfte (48%) aller Befragten gibt an, dass die Eltern nur untereinander über Politik reden, zur anderen Hälfte (46%) berichten die Kinder, dass sie auch manchmal in politische Unterhaltungen einbezogen werden. Die übrigen 7% sind diejenigen, deren Eltern nicht über Politik sprechen. Die älteren Kinder (54%) werden häufiger als die jüngeren (26%) von ihren Eltern in politische Gespräche einbezogen (Cramer's V = 0,28). Von den Älteren berichten Gymnasiasten (63%) häufiger als Hauptschüler (39%), dass ihre Eltern auch manchmal mit ihnen über Politik sprechen (Cramer's V = 0,23).

6.6.1.2 Politische Inhalte im Schulunterricht

Etwas mehr als die Hälfte (56%) der befragten Kinder kann sich nicht erinnern, in der Schule bereits etwas über Politik gelernt zu haben. Obwohl in
jeder der sechs untersuchten Schulklassen – laut Angaben der Lehrer –
bereits politische Stoffe im Unterricht thematisiert wurden, geben nur 44% der
Schüler an, schon politische Inhalte im Unterricht durchgenommen zu haben.
Mädchen (54%) können sich häufiger als Jungen (34%) an politische Inhalte
erinnern (Cramer's V = 0,20), was erstaunlich ist, da Jungen sich etwas
häufiger als Mädchen für Politisches interessieren.[301] Gymnasiasten (52%)
geben häufiger als Hauptschüler (31%) an, in der Schule schon einmal über
Politik geredet oder etwas über Politik gelernt zu haben (Cramer's V = 0,21).
Zwischen den Altersgruppen besteht kein Unterschied. Themen, an die sich
einige Schüler erinnern können, sind unter anderem Wahlen beziehungsweise Klassensprecherwahlen, Politik bei den alten Römern und Griechen
oder die Einführung des achtstufigen Gymnasiums in Bayern.

6.6.1.3 Politische Mediennutzung

Die Mehrheit (58%) der befragten Kinder sieht „nie" Kindernachrichten im
Fernsehen. 36% sehen solche Sendungen zumindest „manchmal", nur 6%
„oft". Dafür gibt es kaum Kinder (nur 12%), die „nie" die Erwachsenen-Nach-
richten sehen. Die meisten Kinder (68%) werden „manchmal", 20% sogar
„oft" mit Fernsehnachrichten konfrontiert. Auch die Nachrichten im Rundfunk
hören 52% der Kinder „manchmal" und 24% „oft". Erstaunlich ist, dass 72%
der befragten Viert- und Siebtklässler angeben, „manchmal" oder „oft" Zeitung zu lesen. Zwar besteht in allen Gruppen die Mehrheit zumindest aus
gelegentlichen Zeitungslesern, aber die Zwölf- und 13-Jährigen lesen noch
häufiger Zeitung als die Neun- und Zehnjährigen (Cramer's V = 0,20) und die
Gymnasiasten häufiger als die Hauptschüler (Cramer's V = 0,28). Dabei
lesen die Kinder, wenn sie lesen, allerdings mehr unpolitische als politische
Beiträge. Lokal-, bundes- und weltpolitische Berichte lesen laut eigenen Angaben 4% bis 9% aller Kinder „oft", zwischen 31% und 35% immerhin
„manchmal". Für die Nutzung von Zeitungsinformation über unterschiedliche
Politikebenen ergeben sich also keine Unterschiede.

---

[301] vgl. Kapitel 6.6.2.1

Deutlich zeigt sich, dass ältere Kinder – sowohl im Fernsehen als auch im Radio und in der Zeitung – häufiger politische Medieninhalte und Nachrichten nutzen als jüngere Kinder (mit Ausnahme der Kindernachrichten). Ebenso eindeutig ist der Zusammenhang zwischen Schultyp und politischer Mediennutzung: Gymnasiasten sehen häufiger als Hauptschüler Fernsehnachrichten, hören häufiger Rundfunknachrichten und lesen häufiger politische Zeitungsberichte.

6.6.2 Politisches Interesse

6.6.2.1 Explizites Politikinteresse

Die direkt gestellte Frage nach der Selbsteinschätzung des Politikinteresses ergibt insgesamt ein eher geringes Interesse der Mehrheit an Politik. Etwa drei Viertel der befragten Kinder beantworten die Frage „Wie interessant findest Du Politik?" mit „nicht so interessant". Aber immerhin 19% finden Politik „ein bisschen interessant" und 5% „sehr interessant".

Abbildung 2: Interesse für Politik

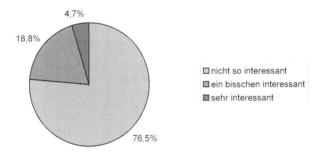

Basis: n = 149 (alle Befragten)

Bezüglich des subjektiven Politikinteresses zeigt sich ein schwacher Zusammenhang mit dem Geschlecht: Jungen (32%) geben häufiger als Mädchen (14%) an, Politik sei „ein bisschen" oder „sehr interessant", und Mädchen sind häufiger „nicht so" interessiert (Cramer's V = 0,20). Der Zusammenhang ist zwar nur relativ schwach, er würde aber den Ergebnissen der bisherigen Forschung entsprechen.[302] Obwohl es zu erwarten wäre, ergeben sich zwischen den beiden Altersgruppen keine Unterschiede im allgemeinen Politikinteresse. Auch die beiden Schultypen unterscheiden sich nur geringfügig in ihrem politischen Interesse. Zwar fällt auf, dass die Hauptschüler (86%) häufiger als die Gymnasiasten (73%) Politik als „nicht so interessant" empfinden, aber es ergibt sich kein nennenswerter statistischer Zusammenhang zwischen subjektivem Interesse an Politik und Schultyp.

Schlussfolgerungen für die politische Bildung

Zwar gibt es immerhin einige Kinder, die ein gewisses Interesse für „Politik" ausdrücken. Da sich die Mehrheit der Kinder aber *nicht* für Politik als solche interessiert und auch die Zwölf- und 13-Jährigen kein ausgeprägteres Interesse zeigen als die Grundschüler, wäre die erste und wichtigste Aufgabe politischer Bildung, Aufgeschlossenheit und Interesse für politische Fragen und Themen zu wecken und zu fördern. Ziel der Forschung sollte sein, herauszufinden, über welche Mittel und Wege politische Inhalte für Kinder und Jugendliche interessant und spannend aufbereitet und vermittelt werden können. Das gilt für alle befragten Gruppen, insbesondere können aber Möglichkeiten gesucht werden, Mädchen stärker für Politisches zu interessieren. Ebenso könnte es besonders in der Hauptschule verstärkt notwendig sein, politische Inhalte für die Schüler interessanter zu machen und das überwiegende Desinteresse an politischen Inhalten abzubauen.

6.6.2.2 Gründe für politisches Desinteresse

Der wichtigste Grund für das politische Desinteresse der Mehrheit der befragten Kinder ist, dass Politik – beziehungsweise das, was damit assoziiert wird – als langweilig empfunden wird. 71% der Kinder, die Politik „nicht so interessant" finden, entscheiden sich für diese Begründung. Die am zweithäufigsten (56%) gewählte Erklärung ist, dass Politisches oft nicht verstanden wird. Auffällig ist hierbei, dass Mädchen (70%) deutlich häufiger als Jungen (41%) angeben, ihr politisches Desinteresse liege darin begründet, dass sie Politisches oft nicht verstehen (Cramer's V = 0,29). Das kann natürlich auch daran liegen, dass Jungen weniger bereit sind, ihr Unverständnis zuzugeben,

---

[302] vgl. Kapitel 4.1.1

als Mädchen. Die beiden Altersgruppen unterscheiden sich – obwohl man dies vermuten könnte – nicht bedeutend in der Angabe dieser Begründung. Die Hälfte der nicht politisch interessierten Kinder ist zudem der Meinung, Politik sei eher etwas für Erwachsene und für Kinder noch nicht relevant. Wie es ein zehnjähriges Mädchen ausdrückt: „Politik ist für mich eigentlich noch nichts. Bis ich erwachsen bin, dann interessiere ich mich auch dafür." Eine geringere Rolle spielt das Gefühl, Politik habe nichts mit dem eigenen Leben und der eigenen Person zu tun, das nur ein Fünftel der nicht an Politik interessierten Kinder als Grund für ihr Desinteresse angibt. Die jüngeren Kinder (35%) nennen diesen Grund häufiger als die Zwölf- bis 13-Jährigen (14%) (Cramer's V = 0,25). Wie sich auch an späterer Stelle zeigen wird[303], realisieren sie weniger als die älteren Kinder den Zusammenhang zwischen politischen Prozessen und Entscheidungen und ihrer eigenen Person beziehungsweise ihrem nahen Umfeld und befinden Politik daher als irrelevant.

Abbildung 3: Gründe für politisches Desinteresse

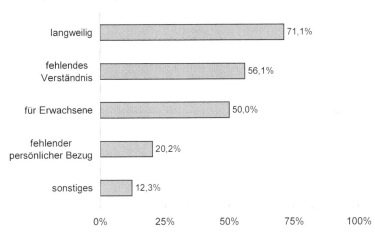

Basis: n = 114 (diejenigen Kinder, die Politik „nicht so interessant" finden)

12% der nicht Interessierten führen selbst noch weitere Argumente an: Einige Antworten bleiben dabei – besonders bei den Viertklässlern – bei allgemeinen Ablehnungen („weil es doof ist", „weil ich sie nicht mag") oder Wieder-

---

[303] vgl. Kapitel 6.6.3.5

holungen der vorgegebenen Antwortkategorien („weil es so kompliziert ist",
„weil ich noch zu jung bin für Politik", „weil es mich noch nichts angeht").
Einzelne Kinder bringen aber auch neue Aspekte ein: Zum einen wird kriti-
siert, dass sich Politiker nur streiten und jeder eine andere Meinung vertritt,
zum anderen, dass die Kinder selbst nicht mitreden und mitentscheiden können („die streiten sich ja nur und erhöhen Steuern", „weil jeder eine andere
Meinung hat"; „weil ich sowieso nicht mitreden darf", „weil man nichts mitentscheiden kann").

Schlussfolgerungen für die politische Bildung

Die befragten Kinder stehen Politik in erster Linie deshalb eher desinteres-
siert gegenüber, weil sie Politik sofort als „langweilig" abstempeln. Dass
Kinder Politik als langweilig empfinden, hängt wahrscheinlich auch damit
zusammen, dass sie die meist abstrakten und komplexen Zusammenhänge
politischen Geschehens oft nicht verstehen, was am zweithäufigsten als
Grund für das Desinteresse genannt wird. Beides ist ein deutliches Zeichen
dafür, dass es nicht genügend pädagogische Angebote gibt, zum Beispiel in
der Schule oder in den Medien, die Politisches für Kinder interessant und
verständlich aufbereiten und vermitteln. Dieser Mangel trägt womöglich auch
dazu bei, dass viele Kinder, wahrscheinlich aber auch viele Erwachsene,
Politik als Erwachsenenthema sehen, das Kinder noch nichts angeht. Daher
sind mehr kindgerechte politische Informationsangebote zu fordern, die Kinder mit spannenden politischen Themen ansprechen.

Die fehlende Verbindung zwischen Politik und der eigenen Lebenswelt in der
kindlichen Wahrnehmung ist zwar nicht so zentral, trotzdem aber für einige –
vor allem jüngere – Kinder ein Grund, Politik uninteressant zu finden. Wichtig
wäre es deshalb auch, in der politischen Bildung und im Politikunterricht
nicht nur auf abstrakter Ebene Institutionenkunde zu betreiben, sondern konkrete, greifbare und wirklichkeitsnahe Themen und Aspekte zu bearbeiten,
mit denen sich Kinder identifizieren können. Die Inhalte sollten so dargestellt
werden, dass ein Bezug zum eigenen Umfeld erkennbar ist.

6.6.2.3 Politische Themeninteressen

Themeninteressen politisch interessierter Kinder

Ein Viertel der befragten Kinder bewertet Politik als „ein bisschen" oder „sehr interessant".[304] Diese Gruppe der politisch Interessierten wurde in einer offenen Frage gebeten, politische Themen anzugeben, die spannend sind. Dabei ergibt sich eine Vielzahl unterschiedlichster Antworten, viele Kinder nennen sogar mehr als ein Thema. Auch die politisch interessierten Kinder der jüngeren Altersgruppe sind schon in der Lage, politische Themen zu nennen, die sie interessieren. Die als spannend genannten Themen reichen von der „Geiselnahme in Beslan" über „Selbstmordattentäter" bis hin zu „Aufstände und Demos" oder „Politiker privat". Auffällig ist jedoch, dass bestimmte Themen gehäuft genannt werden. Besonders hervorstechend ist – entsprechend der amerikanischen Forschungsergebnisse[305] – das Thema „Wahlen und Wahlkampf", das 43% der politisch interessierteren Kinder spannend finden. Es wird entweder allgemein auf Wahlen oder aber auf ganz bestimmte Wahlen wie die Bundeskanzlerwahl oder die Europawahl verwiesen. Bei genauerer Betrachtung zeigt sich, dass mehr Mädchen (70%) als Jungen (32%) dieses Thema nennen (Cramer's V = 0,35). Diese Geschlechterdifferenz ist allerdings nur ein grober Hinweis, da die Aussagekraft der Zahlen an dieser Stelle durch die sehr kleinen Vergleichsgruppen eingeschränkt ist. Mehrmals werden auch die Themen „Schulreformen" (20%) (zum Beispiel Einführung des achtstufigen Gymnasiums, Abschaffung der Lernmittelfreiheit, Rechtschreibreform), „Krieg" beziehungsweise speziell der Irakkrieg (14%) und „Arbeitslosigkeit" (11%) als interessant angeführt. Reformen und neue Gesetze bezüglich der Schule sowie Arbeitslosigkeit stellen sich aber als Themen heraus, die eher für ältere Kinder interessant sind, denn sie werden nur von Zwölf- und 13-Jährigen, nicht aber von Neun- oder Zehnjährigen auf die offene Frage genannt. Gerade Schulreformen und Arbeitslosigkeit sind Themen, die Kinder vielleicht beschäftigen, weil sie hier einen direkten Bezug zu sich selbst und ihrer Umwelt herstellen können. Insgesamt sind die genannten Themen solche Themen, über die generell beziehungsweise zum Befragungszeitpunkt viel in den Medien berichtet wurde.

---

[304] vgl. Kapitel 6.6.2.1
[305] vgl. Kapitel 4.1.1.

Schlussfolgerungen für die politische Bildung

Natürlich hat jedes Kind individuelle Präferenzen, dennoch gibt es politische Themen, die mehrere Kinder ansprechen. Themen, die sich besonders gut eignen, um mit politisch interessierten Kindern zu arbeiten, sind „Wahlen" und „Wahlkampf". Wahlen finden mehrere Kinder spannend und anhand dieses Themas können politisches Grundlagenwissen über Politiker und Parteien vermittelt sowie politische Prozesse und Funktionsweisen eines demokratischen Systems verdeutlicht werden. Ein weiterer Ansatzpunkt, der sich anbietet, um Kindern politische Prozesse näher zu bringen, ist der Themenbereich „Krieg". Bei beiden Themen kann man gut aktuelle Geschehnisse aufgreifen und daran anknüpfen. Themen, die ältere Kinder beziehungsweise angehende Jugendliche in politische Problemstellungen einführen können, wären eventuell „Arbeitsmarkt" und „Arbeitslosigkeit" sowie aktuell diskutierte Gesetzesänderungen, die die Schule – also den eigenen Umkreis der Kinder – betreffen. Dies gilt aber genau genommen nur für Kinder, die sich zumindest etwas für Politik interessieren.

Kindliches Interesse für Themen mit Politikbezug

Anhand einer Auflistung spezieller Themen mit politischem Bezug sollte geprüft werden, ob Kinder – wenn auch viele Politik allgemein als „nicht so interessant" bezeichnen – Interesse an bestimmten Themen haben. Es zeigt sich, dass sich Kinder durchaus für einige bestimmte politische Themen interessieren.

Abbildung 4: Kindliche Themeninteressen I

	gar nicht interessant	ein bisschen interessant	sehr interessant
Terror / Krieg	6,0%	29,5%	64,4%
Umwelt / Umweltschutz	8,7%	45,6%	45,6%
Geschichte	16,8%	39,6%	43,6%
Ausländerfeindlichkeit	18,1%	52,3%	29,5%
Arbeitslosigkeit	18,1%	51,7%	30,2%

Basis: n=149 (alle Befragten)

Besonders auffällig ist das große Interesse der Kinder an „Terror und Krieg". Wie auch andere Forschungsarbeiten zeigen[306], ist das ein Themenbereich, der die Aufmerksamkeit von Kindern besonders auf sich zieht und der sie beschäftigt. Die Mehrheit (64%) der Befragten findet „Terror und Krieg" „sehr interessant", nur 6% interessieren sich „gar nicht" dafür. Bei näherer Betrachtung zeigt sich, dass das Thema, obwohl es auch schon für die jüngeren Kinder interessant ist, bei den älteren Kindern auf noch ausgeprägteres Interesse stößt (Cramer's V = 0,50). Alle (99%) Zwölf- bis 13-Jährigen des Samples interessieren sich für „Terror und Krieg", die Mehrheit (80%) findet das Thema sogar „sehr interessant". Unter den Neun- bis Zehnjährigen befindet sich aber auch ein sehr hoher Anteil von 52%, die das Thema „ein bisschen interessant" finden, und von 30%, die es als „sehr interessant" bewerten. „Umwelt und Umweltschutz" ist ein weiterer Themenbereich, der Kinder anspricht: 46% aller Befragten bewerten Umweltthemen als „sehr interessant", nur 9% interessieren sich „gar nicht" dafür. Auf ähnliches Interesse stößt das Gebiet „Geschichte", für das sich 44% der Kinder „sehr" und nur 17% „gar nicht" interessieren. Für geschichtliche Themen interessieren sich offensichtlich mehr Gymnasiasten als Hauptschüler „sehr" (Cramer's V = 0,26). Über die Hälfte (52%) der Gymnasialschüler findet „Geschichte" „sehr interessant". Nicht ganz so beliebt wie Umwelt- und Geschichtsthemen, aber auch für viele Kinder ansprechend sind die Themen „Ausländerfeindlichkeit" und „Arbeitslosigkeit", die jeweils 30% „sehr interessant" finden, 52% „ein bisschen interessant" und nur 18% „gar nicht interessant". Das Interesse an „Arbeitslosigkeit" ist bei den Zwölf- bis 13-Jährigen weiter verbreitet als bei den Neun- bis Zehnjährigen (Cramer's V = 0,38), worauf auch schon bezüglich spannender Themen für politisch interessierte Kinder hingewiesen wurde. Die Älteren finden diesen Themenbereich zu 90% interessant, aber auch in der jüngeren Altersgruppe interessieren sich schon 63% dafür.

Besonders aufschlussreich ist, dass solche Themen auch bei Kindern, die Politik an sich „nicht so interessant" finden, zu einem großen Teil Interesse wecken. Vor allem das Thema „Terror und Krieg" spricht auch diese Gruppe an, denn die Mehrheit (61%) der politisch „nicht so" Interessierten findet es „sehr interessant", weitere 33% „ein bisschen interessant". Auch „Umwelt /

---

[306] vgl. Kapitel 4.2.1

Umweltschutz" interessiert Kinder dieser Gruppe besonders: 92% interessieren sich dafür. „Geschichte", „Ausländerfeindlichkeit" und „Arbeitslosigkeit" kommen bei den meisten politisch nicht Interessierten ebenfalls gut an, hier sind es aber bereits wieder 17% bis 19%, die diese Themen „gar nicht interessant" finden.

Was die Unterscheidung des politischen Interesses in Interesse für Lokal-, Bundes- und Weltpolitik betrifft, so sind die Ergebnisse nicht sehr ergiebig. Obwohl bei der direkten Frage nach dem Politikinteresse die meisten Kinder kaum Interesse für Politik bekunden, findet nun die Mehrheit der Kinder erstaunlicherweise alle drei Ebenen von Politik zumindest „ein bisschen interessant". Nur 28% bis 31% der Befragten geben hier an, Politik im eigenen Ort, Politik in Deutschland und Politik auf der ganzen Welt sei „gar nicht interessant".

Abbildung 5: Kindliche Themeninteressen II

	gar nicht interessant	ein bisschen interessant	sehr interessant
Lokalpolitik	30,9%	45,6%	23,5%
Bundespolitik	30,9%	58,4%	10,7%
Weltpolitik	27,5%	53,7%	18,8%

Basis: n = 149 (alle Befragten)

Dennoch bleibt auffällig, dass genau diese drei Themen, die explizit mit „Politik" bezeichnet werden, bei den politisch „nicht so" interessierten Kindern nicht so hoch im Kurs stehen wie die anderen abgefragten Themenbereiche.

Schlussfolgerungen für die politische Bildung

Wenn auch die meisten Kinder kein explizites Politikinteresse bekunden, so gibt es offensichtlich doch Themen, die kindliches Interesse wecken und gegenüber denen Kinder aufgeschlossen sind. Solche Themen sollten politischer Unterricht und politische Bildung verstärkt aufgreifen, um politische Inhalte für Kinder attraktiver zu machen. Daran können politische Strukturen aufgezeigt und Basiswissen vermittelt werden. Dazu zählt insbesondere der Themenbereich „Terror und Krieg", für den sich fast alle Kinder – die meisten

sogar „sehr" – interessieren. Das Aufgreifen aktueller Beispiele von Terroris-
mus oder Krieg kann sowohl für jüngere Altersgruppen als auch insbesondere für ältere Kinder als Aufhänger für die Auseinandersetzung mit politischen Sachverhalten dienen. Dieser Themenbereich hebt sich besonders
dadurch hervor, dass damit auch politisch *nicht* interessierten Kindern Politisches nahe gebracht werden kann. Als weiterer kindgerechter Lernbereich
könnten Umweltthemen dienen, die bei Kindern – auch bei den nicht politisch interessierten – auf reges Interesse stoßen. Um politische Inhalte auf-
zubereiten, bietet sich in manchen Gruppen auch eine Verknüpfung von
Politik mit Geschichte an. Denn viele Kinder, vor allem Schüler des Gymnasiums, interessieren sich für Geschichtliches. Den Ergebnissen zufolge können politische Inhalte auch anhand von Themen wie Ausländerfeindlichkeit
oder in älteren Gruppen auch Arbeitslosigkeit vermittelt werden, vermutlich
weil sie konkret fassbar und aus der Lebenswelt der Kinder gegriffen sind.
Mit Hilfe der ermittelten Themen könnte es gelingen, Kindern zu zeigen,
dass Politik nicht nur langweilig ist, sondern auch spannend und realitätsnah
sein kann.

6.6.2.4 Hinweise auf politisches Interesse

Wunsch nach politischen Unterrichtsinhalten

Die Frage, ob mehr politische Inhalte im Schulunterricht erwünscht wären,
wird von immerhin einem Viertel aller befragten Kinder bejaht. Ein Fünftel ist
dagegen und der übrigen Mehrheit (53%) ist es gleichgültig beziehungsweise
sie wissen es nicht. Der Anteil der Kinder, die sich wünschen würden, in der
Schule mehr über Politik zu erfahren, entspricht zwar zahlenmäßig dem
Anteil der Kinder, die Politik „ein bisschen" oder „sehr interessant" finden. Die
nähere Betrachtung zeigt aber, dass sich nicht nur die politisch interessierten
Kinder, sondern auch einige (14%) derjenigen, die Politik als „nicht so interessant" abstempeln, *für* Politik in der Schule aussprechen. Von den politisch
interessierten Kindern wünscht sich die Mehrheit (66%) mehr politische Information im Unterricht. Interessant ist, dass die nicht politisch interessierten
Kinder Politik im Unterricht *nicht* kategorisch ablehnen (nur 25%), sondern in
der Mehrheit (61%) gleichgültig sind oder keine Meinung dazu haben. Ver-

gleicht man die beiden Altersgruppen in ihren Antworten, so sind die älteren Kinder (30%) häufiger als die jüngeren (17%) für mehr politische Themen im Unterricht und seltener dagegen (17% zu 30%). Trotzdem zeigt sich kaum ein statistischer Zusammenhang. Mehr Gymnasiasten (34%) als Hauptschüler (22%) wünschen sich mehr politischen Unterricht, umgekehrt sprechen sich weniger Gymnasiasten (13%) als Hauptschüler (22%) dagegen aus. Allerdings ergibt sich auch hier kein deutlicher statistischer Zusammenhang.

Schlussfolgerungen für die politische Bildung

Aus den Ergebnissen ist zumindest ablesbar, dass die Kinder keine grundsätzlich ablehnende Haltung gegenüber Politik im Unterricht an den Tag legen. Die politisch interessierten Kinder sind in der Mehrheit *für* mehr politische Inhalte in der Schule, die politisch nicht interessierten Kinder haben in der Mehrheit keine Meinung dazu. Da sie politischen Schulstoff offensichtlich nicht prinzipiell ablehnen, wäre es durchaus sinnvoll, zu versuchen, ihnen anhand entsprechender geeigneter Themen[307] und Darstellungsweisen politische Dinge näher zu bringen.

Politische Kommunikation

21% der befragten Kinder geben an, sich „manchmal" mit ihren Eltern, Lehrern, Geschwistern oder Freunden über politische Themen zu unterhalten, 3% tun dies „oft". Der Großteil (77%) spricht jedoch „nie" oder „nur selten" über Politik. Der Anteil an Kindern, die „manchmal" oder „oft" politische Gespräche führen, entspricht zahlenmäßig etwa dem Anteil der Kinder, die ein direktes Interesse an Politik äußern. Auch hier zeigt sich aber wieder, dass es nicht ausschließlich die politisch interessierten Kinder sind, die angeben, sich „manchmal" oder „oft" über Politik zu unterhalten. So führen auch 17% derjenigen, die kein Politikinteresse äußern, „manchmal" politische Gespräche, während dies 43% der Politikinteressierten „manchmal" oder sogar „oft" tun. Umgekehrt gibt auch ein Anteil von 57% der Kinder, die ein Politikinteresse äußern, an, sich „nie" oder „nur selten" über Politisches zu unterhalten. Bei den nicht an Politik Interessierten ist es die klare Mehrheit (83%), die „nie" oder „nur selten" politische Gespräche führt. Die Zwölf- und

---

[307] vgl. Kapitel 6.6.2.3

13-Jährigen (27%) geben häufiger als die jüngeren Kinder (15%) an, sich „manchmal" oder „oft" über Politik zu unterhalten, es besteht aber kein nennenswerter statistischer Zusammenhang zwischen Politikgesprächen und Altersgruppen. Ein Zusammenhang mittlerer Stärke (Cramer's V = 0,464) besteht zwischen politischen Gesprächen und Schultyp: Gymnasialschüler sprechen häufiger über Politik als Hauptschüler. Zwar unterhalten sich auch die Gymnasiasten nur zu 31% „manchmal" oder „oft" über Politik, der Unterschied liegt aber darin, dass ein auffallend hoher Anteil der Hauptschüler (44%) *„nie"* über politische Themen spricht, während dies nur bei 6% der Gymnasiasten der Fall ist. Der Unterschied zwischen den Kindern unterschiedlicher Schultypen ergibt sich möglicherweise aus dem Bildungsniveau und Anregungsmilieu des Elternhauses.

Schlussfolgerungen für die politische Bildung

Da die Mehrheit der Kinder „nie" oder „nur selten" über politische Dinge spricht – sogar von den politisch „ein bisschen" oder „sehr" Interessierten ist es mehr als die Hälfte –, wäre es sinnvoll, den Kindern zum Beispiel in der Schule mehr Möglichkeiten zur politischen Diskussion zu geben. Im Unterricht sollte zumindest gelegentlich zu politischen Gesprächen angeregt werden, indem entweder vom Lehrer interessante Themen und Fragestellungen zur Politik vorgegeben werden oder indem die Schüler frei Themen aufgreifen und kommunizieren können, über die sie sich Gedanken machen. Besonders Hauptschüler, die sich zu einem großen Teil „nie" über Politik unterhalten, sollten in der Schule mehr zur Auseinandersetzung mit politischen Themen angeregt werden, da sie möglicherweise zu Hause nicht die Gelegenheit dazu bekommen. Das Thematisieren politischer Gegenstände weckt idealerweise auch wieder Interesse. CZAJKA (1965) ist der Ansicht, dass die Entstehung von politischem Desinteresse am besten vermieden werden kann, indem spontane Neugier und Interesse von Kindern an politischen Angelegenheiten nicht ignoriert, sondern auch schon in der Grundschule in Gesprächen aufgegriffen werden.[308]

---

[308] Czajka, 1965, 339

6.6.2.5 Korrelation des politischen Interesses mit Hintergrundvariablen

Insgesamt äußern die befragten Kinder ein eher geringes politisches Interesse. Dabei sind die Jungen etwas häufiger an Politik interessiert als die Mädchen. Kinder unterschiedlicher Altersgruppen und unterschiedlicher Schultypen unterscheiden sich kaum oder nur geringfügig in ihrem subjektiven Politikinteresse.[309]

Politische Kommunikation im Elternhaus und politisches Interesse

Die wahrgenommene Häufigkeit politischer Kommunikation in der Familie hängt mit einem höheren Interesse an Politik auf Seiten der Kinder zusammen: Kinder, deren Eltern häufiger über Politik sprechen, haben höheres politisches Interesse (Cramer's V = 0,26). Mit zunehmender Häufigkeit der berichteten elterlichen Politikgespräche nimmt der Anteil derer, die Politik „nicht so interessant" finden, kontinuierlich stark ab und die Anteile derer, die sich „ein bisschen" oder „sehr" für Politisches interessieren, nehmen zu. Dieser Zusammenhang kann so interpretiert werden, dass Gespräche und Gelegenheiten, bei denen Kinder mit Politik in Berührung kommen, Interesse an politischen Ereignissen und Fragen anregen. Umgekehrt kann es aber auch sein, dass politisch interessierte Kinder die elterlichen Politikgespräche stärker wahrnehmen als nicht interessierte Kinder. Möglich ist ebenso, dass der Zusammenhang durch das politische Interesse und Engagement der Eltern als steuernde Variable entsteht, die sowohl die Häufigkeit der Gespräche als auch das Interesse der Kinder erhöht. Es ist davon auszugehen, dass der allgemeine Grad der Politisierung beziehungsweise der politischen Aktivierung der Eltern, zu dem sowohl ihr Interesse als auch ihre Gesprächsbereitschaft zählen, das Politikinteresse der Kinder beeinflusst. Diese Annahme entspricht auch dem Forschungsstand.[310]

Zudem zeigt sich, dass das kindliche Interesse an Politik auch höher ist, wenn Kinder in politische Gespräche eingebunden werden (Cramer's V = 0,36). Kinder, deren Eltern nur untereinander über Politik sprechen, sind nur zu 10% „ein bisschen" oder „sehr" an Politik interessiert und zu 90% „nicht so". Dagegen interessieren sich 41% der Kinder, die sich an politischen Gesprächen der Eltern beteiligen, „ein bisschen" oder „sehr" für politische

---

[309] vgl. Kapitel 6.6.2.1
[310] vgl. Kapitel 3.2.1.2

Angelegenheiten. Das kann bedeuten, dass politische Gespräche, die in der Familie geführt werden – besonders wenn mit den Kindern selbst darüber gesprochen wird – politisches Interesse beim Kind anregen. Andererseits kann der Zusammenhang auch durch umgekehrte Kausalität zustande kommen, wenn Kinder, die sich mehr für Politik interessieren, sich häufiger in politische Gespräche der Eltern einmischen oder Fragen zu politischen Themen stellen.

Politische Inhalte im Schulunterricht und politisches Interesse

Kinder, die sich an politische Unterrichtsinhalte erinnern können, unterscheiden sich in ihrem politischen Interesse nicht von Kindern, die angeben, noch nichts über Politik in der Schule gelernt zu haben. Hieraus kann man jedoch nicht darauf schließen, dass die schulische Beschäftigung mit politischen Inhalten keinen Effekt auf politisches Interesse hat, denn die Frage erhebt nur die Erinnerung der Kinder, nicht aber die tatsächlichen Unterrichtsinhalte. Erstaunlich ist das Ergebnis deshalb, weil man eigentlich umgekehrt davon ausgeht, dass politisch interessierte Kinder politische Unterrichtsinhalte eher in Erinnerung behalten als nicht interessierte Kinder.

Politische Mediennutzung und politisches Interesse

Eindeutig zeigt sich, dass die Häufigkeit der politischen Mediennutzung positiv mit dem politischen Interesse von Kindern korreliert. Dies trifft besonders bei der politischen Zeitungsnutzung zu: Je häufiger ein Kind lokal-, bundes- oder weltpolitische Zeitungsberichte liest, desto höher ist auch sein politisches Interesse (Cramer's V = 0,29 / 0,34 / 0,23). Kinder, die keine politische Information in der Zeitung lesen, äußern dagegen deutlich seltener politisches Interesse als Kinder, die solche Zeitungsinhalte nutzen. An dieser Stelle ist es nahe liegend, von einer wechselseitigen Beeinflussung auszugehen: Wer sich mehr für Politik interessiert, wird mehr politische Zeitungsinhalte lesen – wer mehr über Politik liest, entwickelt dadurch wiederum mehr Interesse. Zwischen der Nutzung von Fernseh- und Radionachrichten und dem kindlichen Politikinteresse ergeben sich keine bedeutsamen statistischen Zusammenhänge. Trotzdem weisen die Antworten der Kinder darauf hin, dass auch eine häufigere Zuwendung zu solchen politischen Medienangeboten mit höherem politischen Interesse verbunden ist. Zumindest für politische Nachrichten im Fernsehen lässt auch bisherige Forschung erwarten, dass sie politisches Interesse fördern.[311]

Schlussfolgerungen für die politische Bildung

Da der Kontakt mit politischen Inhalten bei Kindern sehr wahrscheinlich politisches Interesse anregen kann, ist politische Konfrontation – natürlich nicht in übertriebenem Ausmaß – funktional für die politische Persönlichkeitsentwicklung eines Heranwachsenden. Es ist also durchaus sinnvoll, Politik zu Hause in familiären Gesprächen zu thematisieren und dabei auch die Kinder einzubeziehen. Obwohl für die Schule diesbezüglich keine adäquaten Daten vorliegen, ist zu vermuten, dass Ähnliches auch für politische Gespräche in der Schule gilt. Ein weiterer Faktor, der bei Kindern Interesse an politischen Dingen fördern kann, ist politische Mediennutzung. Bestimmte politische Themen sprechen Kinder – nicht nur im Fernsehen, sondern auch in Hörfunk und Printmedien – an und machen sie neugierig. Die Inhalte politischer Mediennutzung sollten in anschließenden Gesprächen mit den Kindern verarbeitet werden und offen gebliebene Fragen sollten geklärt werden.

6.6.3 Politisches Wissen

6.6.3.1 Selbsteinschätzung des politischen Wissens

Die Mehrheit der befragten Kinder glaubt, „wenig" (46%) oder „ein bisschen" (37%) über Politik Bescheid zu wissen. Zwar geben nur 10% an, „gar nichts" zu wissen, aber „viel" Politikwissen trauen sich auch nur 6% der Kinder zu. Zwei der 149 Kinder meinen, „sehr viel" über Politik zu wissen. Die älteren Kinder trauen sich dabei etwas mehr politisches Wissen zu als die jüngeren (Cramer's V = 0,41). So geben zum Beispiel nur 3% der älteren Gruppe an, „gar nichts" über Politik zu wissen, dagegen 26% der jüngeren. Entsprechend kreuzen die Älteren (46%) häufiger als die Jüngeren (17%) an, „ein bisschen" über Politik Bescheid zu wissen. „Viel" bis „sehr viel" Politikwissen trauen sich in beiden Altersgruppen nur Einzelne zu. Jungen und Mädchen unterscheiden sich nicht im Ausmaß, in dem sie sich selbst Wissen über Politik zuschreiben. Vergleicht man nach Schultypen, so zeigen sich Unterschiede:

---

[311] vgl. Kapitel 3.2.3.1

Die befragten Gymnasiasten trauen sich insgesamt mehr Wissen zu als die Hauptschüler (Cramer's V = 0,43). Die Hauptschüler (69%) geben deutlich häufiger als die Gymnasiasten (34%) ein geringes oder gar kein politisches Wissen an. Die Gymnasiasten geben häufiger als die Hauptschüler an, „ein bisschen etwas" oder „viel" zu wissen. Ein sehr starker Zusammenhang zeigt sich außerdem zwischen der Selbsteinschätzung des politischen Interesses und der des politischen Wissens: Je mehr sich ein Kind für Politik interessiert, desto höher schätzt es auch sein Wissen darüber ein (Cramer's V = 0,57).

Schlussfolgerungen für die politische Bildung

Zwar haben die befragten Kinder kein ausgeprägtes Selbstvertrauen, was ihre eigenen politischen Kenntnisse angeht. Aber es sind auch nur sehr wenige, die glauben, „gar nichts" über Politik zu wissen. Durch einen gezielten Aufbau von politischem Grundlagenwissen könnte dennoch das politische Selbstvertrauen von Kindern – besonders von Hauptschülern, die sich in der Mehrheit gar kein oder nur wenig Wissen zutrauen – gestärkt werden. Natürlich bedeutet die Angabe, nicht oder nur wenig über Politik Bescheid zu wissen, nicht, dass tatsächlich keinerlei Wissen vorhanden ist. Es geht hierbei nur um subjektives Wissen. Trotzdem ist zu vermuten, dass Kinder, die diese Angabe machen, sich einfach nicht viel unter dem Begriff „Politik" vorstellen können. Bei den Kindern, die glauben, „gar nichts" über Politik zu wissen, müsste versucht werden, einen ersten Bezug zu politischen Themen herzustellen.

6.6.3.2 Wissen über Politiker

Bekanntheit von Politikern

Auf die offene Frage „Welche Politiker kennst Du?" nennen die Kinder zwischen null und zehn Politiker; ein einzelnes Kind ist dabei, das sogar 13 Politiker kennt. Im Durchschnitt fallen den Befragten 3,4 Politiker ein (Standardabweichung: 2,7). Die Zahlen sind bei dieser Frage eher unterschätzend, denn es ist gut möglich, dass ein bestimmter Politiker zwar bekannt, momentan aber nicht spontan abrufbar ist. Über die Hälfte (58%) der Befragten kennt bis zu drei Politiker. 13% der Kinder fällt gar kein Name ein,

30% wissen ein bis zwei, 29% nennen drei bis vier Politiker und 14% fünf bis sechs. Kinder, die auf die offene Frage spontan mehr als sechs Politiker nennen, sind nur vereinzelt zu finden.

Zwischen dem Alter der Kinder und der Anzahl ihnen bekannter Politiker besteht ein starker Zusammenhang (Cramer's V = 0,66): Während die jüngere Altersgruppe auf einen Mittelwert von 1,1 bekannten Politikern kommt, können die Älteren durchschnittlich schon 4,4 Politiker nennen. Keines der Grundschulkinder kann spontan mehr als drei Politiker nennen, die Mehrheit gibt gar keinen (37%) oder einen Politiker (30%) an. Bei den Zwölf- und 13-Jährigen sind es nur 3%, die gar keinen Politiker nennen können. Jungen und Mädchen kennen etwa gleich viele Politiker. Bei einem Vergleich der beiden Bildungstypen ergeben sich deutliche Zusammenhänge mit der Anzahl der bekannten Politiker (Cramer's V = 0,55): Gymnasiasten kennen mit einem Mittelwert von 5,3 durchschnittlich mehr Politiker als Hauptschüler mit 2,6. Der Großteil der Hauptschüler (78%) sammelt sich im Bereich von ein bis vier, der Großteil der Gymnasiasten (79%) im Bereich von drei bis acht bekannten Politikern.

Den bei Weitem höchsten Bekanntheitsgrad bei den befragten Viert- und Siebtklässlern hat Bundeskanzler Gerhard Schröder: 84% aller Kinder nennen ihn auf die offene Frage. Ihm folgen Edmund Stoiber und Angela Merkel, die jeweils etwa die Hälfte der Kinder angibt. 36% der befragten Kinder kennen Joschka Fischer und 20% kennen Guido Westerwelle. Diese Politiker, die den Kindern am vertrautesten sind, sind eindeutig Politiker mit einer sehr hohen Medienpräsenz. Kleinere Anteile der Kinder kennen des Weiteren George W. Bush (15%), Horst Köhler (11%), Hans Eichel (11%), Otto Schily (11%) und Monika Hohlmeier (9%). Der Großteil nennt nur deutsche Politiker. Von den internationalen Politikern sticht US-Präsident Bush hervor, der vermutlich aufgrund seiner starken Medienpräsenz im Zusammenhang mit dem Irakkrieg und dem Präsidentschaftswahlkampf zum Befragungszeitpunkt einigen Kindern im Gedächtnis geblieben ist. Der Bundespräsident, der als Repräsentant von Deutschland eine sehr wichtig Rolle einnimmt, ist nur relativ wenigen Kindern bekannt – was auch MÜLLERS Untersuchung (1971) bestätigt.[312] Grund dafür wird vermutlich sein, dass er im Vergleich zu den

---

[312] vgl. Kapitel 4.2.2

Politikern, die vielen Kindern bekannt sind, eher im Hintergrund des politischen Tagesgeschehens steht, daher weniger kontinuierliche Medienaufmerksamkeit genießt und eventuell auch weniger Gesprächsthema bei Erwachsenen ist. Auffällig ist, dass hauptsächlich ältere Kinder Köhler nennen und dass darunter zwar 21% der Gymnasiasten Köhler nennen, dagegen aber keiner der Hauptschüler. Einzelne Kinder kennen noch weitere Politiker: Darunter fallen aktuelle (zum Beispiel Müntefering, Künast) und ehemalige Bundespolitiker (zum Beispiel Kohl, Rau) wie auch Politiker aus aller Welt (zum Beispiel Putin, Annan). Wie es scheint, tendieren Kinder dazu, Politik eher auf nationaler als auf lokaler Ebene zu sehen. Regionale beziehungsweise lokale Politiker werden nur äußerst vereinzelt aufgelistet. Diese These der kindlichen Neigung zu einer eher nationalen als lokalen Politikvorstellung wird auch von MÜLLERS (1971) Untersuchungsergebnissen gestützt.[313]

Der Bundeskanzler scheint auch schon für jüngere Kinder eine zentrale Stellung zu haben. Bei den Neun- bis Zehnjährigen beschränkt sich die Politikerkenntnis – wenn überhaupt ein Politiker genannt wird – oft auf den Bundeskanzler. Während 63% der Grundschulkinder Schröder angeben, nennen nur wenige Grundschüler (0% bis 13%) „sichtbare" oder populäre Politiker wie Stoiber, Merkel, Fischer oder Westerwelle. Die zentrale Stellung des Bundeskanzlers, der den politischen Horizont von Kindern als erstes kreuzt, würde den bisherigen Forschungsergebnissen entsprechen.[314] Daraus ist allerdings noch nicht auf ein personalisiertes Politikbild schließbar.

Bildgestütztes Erkennen von Politikern

Noch einmal wird deutlich, dass die Kinder mit Bundeskanzler Schröder recht vertraut zu sein scheinen. Fast alle Befragten (96%) erkennen ihn anhand eines Portraits. Außenminister Fischer wird von 50% der Kinder erkannt. Innenminister Schily können nur 16% der Befragten anhand eines Portraits identifizieren. Den ersten Mann im Staate – Bundespräsident Köhler – erkennen gerade einmal 13% aller Kinder; auch der ehemalige Bundespräsident Rau[315] wird nur von 19% erkannt. Hier zeigt sich – wie schon die offene

---

[313] vgl. Kapitel 4.2.2
[314] vgl. Kapitel 4.1.2 und 4.2.2
[315] Rau wurde ausgewählt, weil der aktuelle Bundespräsident Köhler zum Befragungszeitpunkt erst seit wenigen Monaten im Amt war.

Frage nach bekannten Politikern andeutete –, dass der Bundespräsident für den Großteil der Kinder nicht nur spontan nicht abrufbar ist, sondern tatsächlich eine unbekannte Figur bleibt. Auch in diesem Fall sind die Gymnasialschüler eher in der Lage, den Bundespräsidenten zu identifizieren: Die Grundschüler erkennen Horst Köhler (4%) oder auch den ehemaligen Bundespräsidenten Johannes Rau (0%) in der Regel nicht. Auch von den Hauptschülern erkennt beinahe niemand den Bundespräsidenten. Die Gymnasiasten dagegen können wenigstens zu 25% Köhler und zu 40% Rau richtig benennen.

Parteizugehörigkeit und Amt bekannter Politiker

Zusätzlich zu der offenen Frage nach bekannten Politikern wurde zu den jeweils angegeben Politikern gefragt, welcher Partei diese angehören und welches Amt sie ausüben. 63% aller Kinder, die Schröder angeben, können auch seine Parteizugehörigkeit korrekt benennen. Dass Schröder das Amt des Bundeskanzlers innehat, wissen 82% derjenigen, die ihn als bekannt angeben. Die Kinder, die Stoiber nennen, kennen zu 31% seine Partei und zu 23% sein Amt. 44% der Kinder, die Merkel nennen, können auch ihre Parteizugehörigkeit angeben, aber nur 4% auch ihr Amt. Von denjenigen, die Fischer nennen, kennen 36% auch seine Parteizugehörigkeit und 40% seine Position. 57% der Kinder, die Westerwelle nennen, können ihm die richtige Partei zuordnen, 17% davon das richtige Amt. Diese Zahlen lassen darauf schließen, dass Kindern Parteizugehörigkeiten von Politikern eher geläufig sind als die speziellen Ämter und Zuständigkeiten von Politikern.

Aufgabe von Politikern

Die offene Frage nach den Aufgaben von Politikern wurde im Sinne von Mehrfachantworten nachkategorisiert. Viele Antworten traten gehäuft auf und wurden gruppiert; Antworten, die von weniger als zehn Kindern gegeben wurden, wurden unter die Kategorie „sonstiges" gefasst. Zunächst einmal wird dabei sichtbar, dass ein relativ großer Anteil (37%) der jüngeren Kinder überhaupt keine Antwort auf diese Frage weiß – bei den Zwölf- und 13-Jährigen sind es nur noch 8%, die keine Angabe machen (Cramer's V = 0,36). Dabei wissen die Hauptschüler (14%) etwas häufiger als die Gymnasiasten (5%) keine Antwort – allerdings ergibt sich hierfür kein nennenswerter statistischer Zusammenhang.

Wie auch in den amerikanischen Studien[316] zeigt sich, dass die Kinder Politikern am häufigsten die Funktion der Gesetzgebung zuschreiben. 22% der Befragten halten das Erstellen und Ändern von Gesetzen für die Aufgabe von Politikern. Am zweithäufigsten (18%) wird als Aufgabe von Politikern genannt, sich um die Steuern zu kümmern. Die exekutive Funktion wird nicht so häufig wie die legislative, aber doch von 15% der Kinder genannt: Politiker müssen demnach „den Staat regieren" beziehungsweise „leiten", „viel bestimmen" und „das Volk führen". Ein gleicher Anteil an Kindern gibt die sehr allgemein gehaltene Antwort, die Pflicht von Politikern sei es, wichtige Entscheidungen zu treffen. Ebenso unkonkret geben einige Kinder (13%) an, Politiker hätten die Aufgabe, über Politik zu diskutieren und zu streiten. Das Aufgabengebiet „Krieg und Frieden" wird von 12% der Kinder angeschnitten: Politiker müssen unter anderem „gemeinsam über Krieg und Frieden in Deutschland entscheiden", „für den Frieden sorgen" und „Krieg verhindern". 7% der Kinder sehen es des Weiteren als eine wichtige Aufgabe, Arbeitsplätze zu schaffen und so die Arbeitslosigkeit einzudämmen. Ein gleicher Anteil weist Politikern die Funktion zu, für Ordnung und Gerechtigkeit im Land zu sorgen.

Fazit zum Politikerwissen

Den Kindern sind in der Regel bereits einige Politiker geläufig. Vor allem bei den Grundschülern, aber auch bei den Hauptschülern sind es eher einzelne Personen oder ein kleinerer Kreis politischer Persönlichkeiten; die Gymnasiasten kennen mehr Politiker. Kinder, die Politiker nennen, können oft auch ihre Partei, in manchen Fällen ihr Amt angeben. Die Mehrheit der Befragten hat auch eine Vorstellung von den Aufgaben, die Politiker zu erfüllen haben. Diese bleibt in vielen Fällen aber allgemein und wenig konkret.

Der deutsche Bundeskanzler scheint – analog zu den Forschungsergebnissen zum amerikanischen Präsidenten[317] – eine zentrale Rolle zu spielen. Er ist mit Abstand der bekannteste Politiker, fast alle erkennen ihn vom Aussehen und vielen Kindern ist sogar schon seine Parteizugehörigkeit geläufig. Auch die jüngeren Kinder kennen ihn mehrheitlich. Für sie ist der Bundes-

---

[316] vgl. Kapitel 4.1.2.
[317] vgl. Kapitel 4.1.2.

kanzler zum Teil der einzige bekannte Politiker. Dem Bundeskanzler folgen in der Bekanntheit Politiker, die sich einer hohen Medienpräsenz erfreuen.

6.6.3.3 Wissen über Parteien

Bekanntheit von Parteien

Im Durchschnitt kennen die befragten Kinder 3,7 Parteien (Standard-abweichung: 2,1). Ein Anteil von 17% der Kinder nennt gar keine Partei, der Höchstwert bekannter Parteien liegt bei neun – allerdings sind sieben bis neun Nennungen die Ausnahme. Die Mehrheit (73%) der Befragten kennt drei bis sechs verschiedene Parteien.

Wie bei der Bekanntheit von Politikern ergeben sich auch hier vor allem Unterschiede nach Alter und Schultyp. Die Zwölf- und 13-Jährigen kennen mit einem Mittelwert von 4,4 durchschnittlich mehr Parteien als die Neun- und Zehnjährigen, die einen Mittelwert von 2,1 erreichen (Cramer's V = 0,51). Der wesentliche Unterschied zwischen den Altersgruppen besteht darin, dass die jüngeren Kinder zu 41% gar keine Partei nennen, während dies bei den Älteren nur zu 6% der Fall ist. Ab fünf bekannten Parteien liegen dann die Anteile der älteren Kinder deutlich höher. Die Gymnasiasten kennen wiede-rum durchschnittlich mehr Parteien als die Hauptschüler (5,1 zu 3,1) (Cramer's V = 0,63). Keiner der Gymnasiasten nennt weniger als drei Par-teien; von den Hauptschülern kennen dagegen allein 17% gar keine Partei. Deutlich ist auch der Unterschied, dass die Gymnasialschüler zu 61% fünf oder sechs Parteien kennen, während nur 14% der Hauptschüler eben so viele angeben.

Die meisten Kinder kennen zumindest die etablierten Parteien in Deutsch-land. Die SPD ist den meisten (80%) bekannt. Die Mehrheit der Befragten kennt auch die CDU (74%), die Grünen (69%) sowie die CSU (68%). Etwas weniger, aber auch noch vielen Kindern (44%) ist die FDP bekannt. Die PDS folgt mit 16%. Ein kleiner Anteil von 7% beziehungsweise 3% der Kinder kennt auch die rechten Parteien NPD und DVU, was wahrscheinlich auf deren Wahlerfolg bei den Landtagswahlen 2004 in Brandenburg und Sachsen zurückzuführen ist, der zum Befragungszeitpunkt sehr starke Medienöffentlichkeit erhielt. Bezeichnend ist, dass 9% der Kinder neue Parteien „erfinden" – vermutlich wurden die Abkürzungen schon des Öfteren gehört, aber falsch verstanden oder verwechselt. So entstanden unter anderem MTB, FTB, PDF, SDP oder MFG.

Standpunkte und Ziele von Parteien

Für drei zentrale Parteien (CDU / CSU, SPD, Bündnis 90 / Die Grünen) wurde abgefragt, was deren jeweils spezifische Ziele sind. Um zu sehen, ob Kinder eine Vorstellung von parteilichen Unterschieden haben, wurden die Antworten in falsche und richtige Angaben eingeteilt. Als falsch galten angegebene Ziele, die definitiv nicht zur Partei passen, zum Beispiel „Umweltprojekte" als typisches Ziel der CDU / CSU. Als falsch wurden auch Angaben gewertet, die Ziele beinhalten, die nicht individuell spezifisch für eine einzelne Partei sind, sondern vielmehr von allen Parteien verfolgt werden („weniger Arbeitslosigkeit", „Reformen über Steuer"). Ebenso wurden subjektive Wertungen bezüglich einzelner Parteien als „falsch" kategorisiert („Sie will sich nur wichtig machen und das, was sie sagen, halten sie nicht ein.", „Sie wollen gerne im Mittelpunkt stehen.", „Die sollten mit ein bisschen mehr Kraft an die Sache gehen."). Solche Antworten, die typische Merkmale einer Partei wiedergeben, kamen vermutlich daher, dass die Frage missverstanden wurde: „Hast Du eine Idee, was für die [...] typisch ist? Für welche Ziele setzt sich diese Partei ein?".

Was die CDU / CSU betrifft, so können 78% der Befragten überhaupt keine Angabe über ihre Ziele machen. 15% der Kinder geben falsche Antworten und nur 7% machen richtige Angaben. Zu den richtigen Antworten gehört zum Beispiel dass die CDU / CSU eine „bürgerliche Partei" ist, die sich unter anderem für „weniger Staatsverschuldung", für das „G8" oder für die Belange von „Bayern" einsetzt. Bezüglich der SPD wissen auch 81% der Kinder keine Antwort und 15% machen falsche Angaben. Nur 4% können korrekt ein Ziel der SPD nennen. Dabei wird unter anderem erwähnt, dass die SPD vor allem „Sozialpolitik" betreibt, „Hartz IV durchbringen" möchte oder sich für „weniger Krieg" einsetzt. Für die Grünen können immerhin 31% der Kinder korrekt ein zentrales Ziel nennen, typisch sind Antworten wie „Ihre Ziele sind die Umwelt zu verbessern.", „weniger Kernkraftwerke" oder „Umweltschutz, höhere Benzinpreise, dass weniger Autos fahren und die Luft verpesten.". Aber auch für diese Partei geben 67% gar nichts an. Zwar macht die Mehrheit aller Kinder bei diesen drei Fragen keine Angabe, aber bei manchen Gruppen ist das noch häufiger der Fall als bei anderen: Nennenswerte statistische Zusammenhänge ergeben sich zwar kaum, dennoch wird aber ein Muster sichtbar: Bei allen drei Fragen wissen jüngere Kinder häufiger als ältere, Mädchen häufiger als Jungen und Hauptschüler häufiger als Gymnasiasten gar keine Antwort.

Die besonders hohen Anteile an Kindern, die keine Antwort geben, weisen darauf hin, dass Kinder der untersuchten Altersgruppen noch keine konkrete Vorstellung von Zielsetzungen und programmatischen Unterschieden von Parteien haben. Würde man die sehr häufig genannte, aber nicht spezifisch für *eine* Partei geltende Zielvorstellung „weniger Arbeitslosigkeit – mehr Arbeitsplätze" als richtige Antwort kodieren, würde sich zwar die Anzahl der richtigen Antworten signifikant erhöhen. Die Anteile derer, die gar nichts angeben können, würden aber trotzdem genauso hoch bleiben. Das Ergebnis geht zudem mit den amerikanischen Forschungsbefunden einher, dass auch die älteren Kinder noch kaum Wissen über Parteien, deren Issue-Positionen und ideologische Ausrichtungen haben.[318]

Fazit zum Parteienwissen

Die befragten Kinder kennen bereits ziemlich viele Parteien. Den meisten sind mehrere Parteibezeichnungen vertraut. Wahrscheinlich wurden die Abkürzungen immer wieder in den Medien oder in Elterngesprächen gehört und so ins Gedächtnis eingeprägt. Allerdings wird deutlich, dass die Kinder Parteien zwar vom Namen her kennen, in der Regel aber kein weiteres Wissen über diese haben. Auch bei den älteren Kindern können nur kleine Anteile korrekte Merkmale oder Ziele einzelner Parteien angeben, die Neun- und Zehnjährigen haben offensichtlich gar keine Vorstellung davon.

Die Tatsache, dass den befragten Kindern im Durchschnitt schon viele Parteien bekannt sind, könnte ein Hinweis darauf sein, dass ihr erster Zugang zur Politik möglicherweise nicht so stark personenzentriert ist, wie es die amerikanischen Ergebnisse vermuten ließen.[319] Die jüngeren Befragten kennen zu etwa gleichen Anteilen den Bundeskanzler und Parteien. Außerdem kennen sie im Durchschnitt sogar eine Partei mehr als ihnen Politiker bekannt

---

[318] vgl. Kapitel 4.1.2
[319] vgl. Kapitel 4.1.2

sind. WASMUND (1976) vermutet, dass Parteien deutschen Kindern bekannter sind als Politiker.[320]

6.6.3.4 Wissen über politische Themen

Um herauszufinden, ob Kinder aktuelle politische Themen kennen, wurden die Befragten gebeten, sich an einen politischen Medienbericht zu erinnern und dessen Inhalt zu beschreiben. 52% der Kinder kennen mehr oder weniger aktuelle Politikthemen und –fragen. Die andere Hälfte der Stichprobe kann kein politisches Thema nennen. Deutlich wird, dass sich die älteren Kinder (63%) häufiger als die jüngeren (26%) an einen oder mehrere politische Medienberichte erinnern können (Cramer's V = 0,34). Ebenso sind die Gymnasiasten (76%) zu einem größeren Anteil als die Hauptschüler (39%) in der Lage, ein oder mehrere Politikthemen zu nennen (Cramer's V = 0,37). Die Antworten sind teils nur schlagwortartige Themenangaben, teils aber auch – nur bei älteren Kindern – ausführliche Erklärungen des thematischen Sachverhalts.

Das politische Medienthema, das am häufigsten – nämlich von 24% aller Kinder – erinnert wird, sind *Wahlen*. Die Nennungen reichen hier von „Wahlen" im Allgemeinen über „die Landtagswahlen in Brandenburg, Sachsen und Thüringen" oder „die Wahl zum Bundeskanzler und das Streitgespräch" bis hin zu „Gerhard Schröder hat die Rechtsradikalen beschimpft nach der Wahl im Saarland, und hat uns vor einem braunen Sumpf gewarnt.". Am zweithäufigsten (12%) geben die Kinder Themen rund um die *Arbeitsmarktreform „Hartz IV"* an. Sie notieren sowohl allgemeine Antworten („Im Fernsehen kam mal etwas über Hartz IV und über Arbeitslosigkeit.") als auch spezifischere Angaben („die Montagsdemo gegen Hartz IV") oder sogar ausführliche Beschreibungen („Hartz IV. Das Arbeitslosengeld II soll nun ab Januar kommen. Die Arbeitslosen bekommen weniger Geld. Durch die Montags-Demos hat sich die Regierung den ersten Vorschlag noch einmal überlegt und teilweise geändert. Trotz allem ist Hartz IV noch nicht korrekt."). *Krieg* ist ein weiteres Thema, an das sich 9% der Befragten erinnern können („Krieg im Irak", „Der Krieg im Irak, also George W. Bush hat gesagt, dass sie nur bestimmte Häuser angreifen.", „Fernsehbericht über den Krieg im Irak und wie viele

---

[320] vgl. Kapitel 4.2.2.

Menschen dabei unnötig sterben.")). Weitere 6% der Kinder geben Themen an, die mit der *Schule und Schulreformen* zu tun haben, zum Beispiel das achtstufige Gymnasium, die PISA-Studie, die Rechtschreibreform oder die Abschaffung der Lernmittelfreiheit in Bayern. Themen, die mit *Terroranschlägen* zusammenhängen, nennen 5% der befragten Kinder, so zum Beispiel „das Geiseldrama in Beslan", „die Zwillingstürme in Amerika" oder „dass in einem Zug Bomben versteckt waren". Zusätzlich zu diesen Themen, die häufiger genannt werden, geben 11% der Kinder weitere *sonstige Themen* an, darunter „die Gesundheitsreform", „ob die Türkei zur EU beitreten soll" oder „das Maut-System in Deutschland". Das einzige lokalpolitische Thema, das aber auch nur von drei Kindern genannt wird, ist die zum Befragungszeitpunkt aktuelle Debatte, ob in Lagerlechfeld ein Zivilflughafen gebaut werden soll.

Die Ergebnisse weisen darauf hin, dass sich zumindest die Hälfte der Kinder über politische Themen bewusst ist. Politische Ereignisse und Medienberichte gehen also an vielen nicht spurlos vorüber. Wahlen werden vermutlich deshalb am häufigsten genannt, weil Wahlkämpfe und -ergebnisse ein politisches Thema von sehr starker Medienpräsenz darstellen, dass bei Kindern auch Interesse hervorruft.[321] Die gleiche Erklärung gilt für Krieg und Terrorverbrechen: Solche Ereignisse werden in den Medien betont, interessieren und beschäftigen Kinder und die dramatischen Bilder bleiben besonders im Gedächtnis hängen.[322] Auch abstraktere Begriffe wie „Hartz IV" oder „Arbeitsmarktreform" prägen sich Kindern ein. Obwohl bei den meisten wahrscheinlich kaum Wissen darüber vorhanden sein dürfte, bleiben oft gehörte Schlagworte bei einigen in Erinnerung. Dass sich mehrere Kinder an schulische Politikthemen erinnern, hängt vielleicht damit zusammen, dass solche Themen die eigene Lebenswelt betreffen. Zudem sind die Schüler bezüglich Schulreformen möglicherweise dadurch sensibilisiert, dass in zwei der befragten Schulklassen die Abschaffung der Lernmittelfreiheit und das achtstufige Gymnasium im Unterricht thematisiert wurden.

---

[321] vgl. Kapitel 4.1.1 und 6.6.2.3
[322] vgl. Kapitel 4.2.1 und 6.6.2.3

Fazit zum Themenwissen

Die Hälfte der befragten Kinder kennt politische Themen, von den Älteren können auch einige detailliertere inhaltliche Beschreibungen dazu geben. Im kindlichen Gedächtnis bleiben besonders Themen hängen, die sich großer Medienöffentlichkeit erfreuen und auch über längere Zeit in der Öffentlichkeit diskutiert werden (Wahlen, Arbeitsmarktreform), die die Kinder betreffen (Schulreformen) und die die Kinder ohnehin interessieren (Wahlen, Krieg, Terror). Kinder bekommen also sowohl hervorstechende politische Ereignisse als auch abstraktere politische Streitfragen mit.

6.6.3.5 Wissen über das politische System

Da vermutlich einige Kinder die Begriffe „Regierung", „Bundestag" und „Demokratie" kennen, vielleicht aber kein konkretes Bild davon haben, wurde zuerst gefragt, ob sie schon einmal etwas davon gehört haben. Die Mehrheit der Befragten kennt die drei Begriffe: 79% haben schon einmal etwas von der „Regierung" gehört, 83% vom „Bundestag" und 75% von „Demokratie". Sehr deutlich zeigt sich, dass unter den neun- und zehnjährigen Kindern noch größere Anteile die Begriffe *nicht* kennen als bei den Zwölf- und 13-Jährigen. Da diese Fragen am Ende des relativ langen Fragebogens standen, ist es möglich, dass einzelne Kinder angekreuzt haben, die Begriffe nicht zu kennen, um die darauf folgenden inhaltlich anspruchsvollen, offenen Fragen nach deren Definition nicht mehr beantworten zu müssen. Allerdings kann man davon ausgehen, dass das höchstens vereinzelt der Fall war, da der Fragebogen ansonsten sehr vollständig und gewissenhaft, zum Teil auch ausführlicher ausformuliert, ausgefüllt wurde. Dennoch kann man hier nicht mit Sicherheit vom Nicht-Beantworten direkt auf Nicht-Wissen schließen.

Definition und Funktion der Regierung

Die meisten Kinder kennen den Begriff „Regierung". Trotzdem können oder wollen zusätzlich zu den 21%, denen der Begriff nicht bekannt ist, 29% aller Kinder keine Angabe zur Definition und Funktion der Regierung machen. Die Hälfte der Befragten hat also vermutlich keine konkrete Vorstellung von der Regierung. Dass die jüngeren Kinder häufiger als die älteren angeben, noch nie etwas von dem Begriff „Regierung" gehört zu haben, wurde bereits angesprochen. Ebenso machen die Jüngeren, die den Begriff kennen, häufiger keine weitere Angabe dazu als die Älteren. In der älteren Gruppe können die Hauptschüler häufiger als die Gymnasiasten nichts zur Definition und Funktion der Regierung angeben (Cramer's V = 0,30). Von der anderen Hälfte der Stichprobe, die den Begriff „Regierung" kennt und zudem Angaben zu dessen Definition und Funktion macht, geben nur vier Kinder Falsches an („Eine Regierung sind alle Parteien zusammen.", „Das sind die Parteien, die im Bundestag Plätze haben."). Die Antworten, die gegeben werden, beziehen sich überwiegend auf das Regieren und Entscheiden über das Land. Zwar schreiben Kinder den *Politikern* allgemein in erster Linie die Funktion der Gesetzgebung zu[323], die *Regierung* verbinden sie jedoch korrekterweise hauptsächlich mit exekutiven Tätigkeiten. 39% aller Kinder geben Antworten, die exekutive Funktionen ins Zentrum stellen. Zum Teil sind diese Antworten ausführlicher, zum Teil weniger ausführlich. Einige Kinder geben auch konkrete Beispiele dazu an. Es werden Antworten gegeben wie „Die Regierung regiert über Deutschland.", „Eine Regierung regiert über das Land und trifft Entscheidungen, die das Land betreffen." oder „Die Regierung löst Probleme eines Landes usw. und sie regiert über das Land.". 12% aller Kinder geben Antworten, in denen die Aussage enthalten ist, dass die Regierung eine Gruppe von Politikern oder Parteien ist: „Ein Gremium aus Politikern, die uns regieren.", „Die Regierung besteht aus vielen Politikern, die versuchen, die richtigen Entscheidungen zu treffen.", „Die Parteien, die unser Land regieren.". 11% aller Kinder treffen in ihren Antworten noch sonstige Aussagen wie „Sie arbeiten z.B. an Deutschland.", „Setzt sich wegen Steuern usw. zusammen." oder „Ich glaube, sie sorgt für Gerechtigkeit, Ordnung und Frieden." Die Regierung wird nicht – wie in den amerikanischen Studien[324] – als fürsorgliche, helfende Einrichtung beschrieben, die sich um das Wohlergehen der Bürger kümmert. Nur drei Kinder geben Antworten, die annähernd auf so eine Sichtweise hindeuten könnten: „Eine Regierung hat die Aufgabe, dass es dem Volk gut geht!", „Passt auf ganz Deutschland auf." und „Sie regiert über das Land, muss sich darum kümmern.".

---

[323] vgl. Kapitel 6.6.3.2
[324] vgl. Kapitel 4.1.3

Regierungsparteien

Nur 5% aller befragten Kinder wissen, aus welchen Parteien sich die derzeitige Regierung zusammensetzt. Weitere 11% geben zumindest eine der beiden Regierungsparteien korrekt an. Jedoch haben 52% der Stichprobe keine Idee und ein Drittel macht falsche Angaben dazu. Einige Kinder listen beispielsweise einfach alle Parteien auf, die sie kennen. Daraus entsteht der Eindruck, dass sie einfach die Gesamtheit aller Politiker und Parteien, die existieren, als Regierung verstehen und damit also noch nicht nachvollziehen können, dass nur ausgewählte Parteien das Land regieren. Unterschiede nach Altersgruppen sind dabei kaum von Relevanz. Wie bei vielen anderen Wissensfragen ist es aber auch hier so, dass die Hauptschüler etwas weniger informiert sind als die Gymnasiasten (Cramer's V = 0,36). Sie machen deutlich häufiger (64%) als Gymnasiasten (30%) keine Angabe. Kein Hauptschüler kann die Regierungsparteien korrekt angeben, 6% nennen eine der beiden Parteien. Die Gymnasiasten können häufiger, allerdings auch nur zu 24% eine oder beide Regierungsparteien nennen.

Definition und Funktion des deutschen Bundestags

Der Begriff „Bundestag" ist den meisten Kindern (83%) bekannt, den älteren häufiger als den jüngeren. Dennoch hat auch die Mehrheit offensichtlich keine Vorstellung vom Bundestag, da insgesamt 63% den Begriff nicht kennen oder ihn zwar kennen, aber seine Definition und Funktion nicht angeben können. Es besteht zwar kein statistischer Zusammenhang, aber die jüngeren Kinder (54%) können häufiger als die älteren (42%) keine Angaben machen, obwohl sie den Begriff kennen. Ebenso können oder wollen die Hauptschüler (56%) häufiger als die Gymnasiasten (34%) nichts zur Definition und Aufgabe des deutschen Bundestags sagen, obwohl sie den Begriff schon gehört haben (Cramer's V = 0,21). Die Angaben, die zum Bundestag gemacht werden, können aber in fast allen Fällen als richtig gewertet werden. Nur 5% der gesamten Stichprobe treffen Aussagen, die definitiv falsch sind. So glauben einzelne Kinder, der Bundestag sei tatsächlich ein Tag: „Der Bundestag ist ein Tag, wo die Politiker irgendwas machen.", „An diesem Tag finden die Wahlen statt.". Andere vermischen den Bundestag mit der Regierung: „Regiert und entscheidet über Deutschland.", „Da treffen sich alle von der Regierung.". Die Antworten der Kinder, die als richtig eingestuft werden können, lassen sich großteils in die Kategorien „Versammeln und Besprechen", „Wählen" und „Gesetzgebung" unterteilen. 11% aller befragten Kinder geben Antworten auf die offene Frage zum Bundestag, die ausdrücken, dass der Bundestag eine Versammlung von Politikern ist, die politische Themen besprechen („Der Bundestag sind verschiedene Politiker, die sich zusammensetzen und diskutieren." oder „Der Bundestag sind viele Menschen aus verschiedenen Parteien, die um bestimmte Themen diskutieren und versuchen, eine Einigkeit und Gerechtigkeit für die Bürger zu finden."). 9% aller Kinder bringen den Bundestag mit Wahlen und Wählen in Verbindung. Allerdings wird aus ihren Antworten meist nicht klar, ob sie wissen, dass der Bundestag selbst den Bundeskanzler wählt oder ob sie den Bundestag als Tag oder Ort verstehen, an dem die Bürger wählen. Typische Antworten sind zum Beispiel „Für Wahlen, da wählt man den Bundeskanzler.", „Bundestag ist wie eine Wahl, dort wählen sie den Bundeskanzler, der hat die Aufgabe, dass alles wie am Schnürchen läuft." oder „Dort werden Entscheidungen getroffen und es wird gewählt.". Über die Hauptfunktion des deutschen Bundestags als oberstes Gesetzgebungsorgan – das Diskutieren und Beschließen von Gesetzen – wissen nur 7% aller Kinder Bescheid: „Das deutsche Parlament. Abstimmen über Gesetze.", „Der Bundestag ist das „Parlament". Dort werden die Gesetze durchgebracht oder nicht.", „Dort werden Themen und Gesetze vorgeschlagen und dann darüber diskutiert.".

Definition von Demokratie

Zwar haben drei Viertel der Kinder schon einmal von „Demokratie" gehört, dennoch können oder wollen 65% aller Befragten keine Angaben zur Definition von Demokratie machen. Das heißt 40% der Kinder kennen den Begriff, haben aber wie es scheint keine Idee, was er bedeutet. Diejenigen Kinder (35%), die die Frage beantworten, machen dafür aber fast ausschließlich richtige Angaben. Nur Einzelne geben falsche Demokratie-Definitionen an, zum Beispiel wird Demokratie zwei mal offensichtlich mit Demonstration verwechselt. Eine korrekte Vorstellung davon, was Demokratie bedeutet, haben 31% aller befragten Kinder. Obwohl den Grundschulkindern schon zur Hälfte der Begriff „Demokratie" geläufig ist, kann kein Kind eine Angabe zu dessen Bedeutung machen. Von den Siebtklässlern können immerhin 45% korrekte Aussagen zur Demokratie treffen, allerdings geben auch hier 51% an, den

Begriff nicht zu kennen oder können dessen Bedeutung nicht wiedergeben. Die befragten Gymnasiasten haben häufiger als die Hauptschüler eine Vorstellung davon, was Demokratie ist (Cramer's V = 0,55). Während 81% der Hauptschüler den Begriff nicht kennen oder keine Aussage dazu treffen, sind es bei den Gymnasiasten 34%. Die Schüler des Gymnasiums können den Demokratiebegriff zu 64% richtig definieren, bei den Schülern der Hauptschule können das nur 8%. Diese eklatanten Unterschiede sind möglicherweise darauf zurückzuführen, dass das Thema „Demokratie" in beiden untersuchten Gymnasialklassen – laut Angaben der Lehrer – bereits im Unterricht thematisiert wurde. Dennoch erstaunt, dass von den Grund- und Hauptschülern nur so wenige etwas mit dem Demokratiebegriff verbinden können, da auch in diesen Schulklassen schon demokratische Prinzipien anhand Klassensprecherwahlen erläutert wurden.

Das Spektrum der gegebenen Antworten erstreckt sich inhaltlich wieder von allgemeinen Schlagworten („Gerechtigkeit", „Gleichbehandlung") bis zu einem präziseren Verständnis einer demokratischen Staatsform („Demokratie heißt: Das Volk, die Bürger können mitentscheiden, was im Bundestag passiert, also nicht nur der Bundeskanzler oder die Politiker.", „Demokratie ist: das Volk bestimmt und wählt und die Politiker müssen dafür sorgen, dass das Volk zufrieden ist."). Die meisten Antworten, die gegeben werden, beinhalten die Aussage, dass einer Demokratie das Mitbestimmungs- und Wahlrecht der Bürger zugrunde liegt: „Da entscheidet das Volk mit, was geschehen soll. Das Volk wählt auch.". Einige Kinder betonen den Aspekt, dass Demokratie Volksherrschaft anstatt Alleinherrschaft bedeutet: „Bei der Demokratie gibt es keinen „Alleinherrscher", der alles bestimmt, sondern das „Volk" darf mitbestimmen.". Wichtige Schlagworte, die häufig auftauchen, sind „Gerechtigkeit" und „Gleichberechtigung", so zum Beispiel „Demokratie ist Gerechtigkeit." oder „Demokratie ist die Politik unseres Landes. Jeder hat das gleiche Recht und jede Stimme wird gleich bewertet.". Das Recht auf Meinungsfreiheit in einer Demokratie sprechen einzelne Kinder an: „Jeder darf seine eigene Meinung sagen.", „Demokratie kommt von Demo und das bedeutet da werden verschiedene Meinungen angehört und Ideen.".

Bewusstheit von Wahlen

Auf die Frage, wie man Politiker wird, weiß beinahe die Hälfte (45%) der Kinder keine Antwort zu geben. Jüngere Kinder und Hauptschüler geben dabei häufiger nichts an als ältere Kinder und Gymnasiasten, wobei sich allerdings keine nennenswerten statistischen Zusammenhänge ergeben. Dass Wahlen dabei eine wichtige Rolle spielen, wissen mindestens 37% aller Kinder. Typisch sind Antworten wie „Man lässt sich wählen.", „Durch die Wahlen, die die Bürger machen." oder „Also zuerst muss man in eine Partei. Bei Wahlen kann man sich aufstellen lassen. Wenn man gewählt wird, ist man einer.". Dass man auch über eine gewisse Bildung verfügen muss, um Politiker zu werden, sagen 9% aller Kinder: Man müsse gebildet sein, zumindest Abitur haben und Politik studieren. 5% der Befragten wissen, dass man auch einer Partei beitreten muss, so wird beispielsweise angegeben „Man muss einer Partei helfen und danach beitreten." oder „Wenn man in einer Partei ist und etwas über das Land weiß.".

Aus den Ergebnissen könnte man schließen, dass sich zumindest etwas mehr als ein Drittel der befragten Kinder über Wahlen als wichtiges Prinzip des politischen Systems bewusst sind. Dies ist aber nur ein Hinweis, was natürlich nicht bedeutet, dass Kinder, die andere Antworten geben, *nicht* wissen, dass Politiker direkt oder indirekt vom Volk gewählt werden.

Zusammenhang von Politik und Lebenswelt

Die Mehrheit der befragten Kinder (70%) ist sich bewusst darüber, dass sich Politik und politische Entscheidungen auf ihre eigene Lebenswelt auswirken können. Die Zwölf- und 13-Jährigen (78%) wissen schon häufiger als die jüngeren Kinder (52%), dass Politik Einfluss auf ihr Leben haben kann (Cramer's V = 0,26), die Neun- und Zehnjährigen realisieren zur Hälfte noch keinen Zusammenhang zwischen politischen Entscheidungen und sich selbst. Es zeigt sich auch, dass sich Jungen (72%) etwas häufiger als Mädchen (67%) und Gymnasiasten (82%) häufiger als Hauptschüler (69%) über den Einfluss der Politik auf das eigene Leben im Klaren sind, wobei sich hier aber keine statistisch bedeutsamen Zusammenhänge ergeben.

Fazit zum Systemwissen

Kinder nehmen einiges von ihrer politischen Umwelt wahr. Die meisten kennen einige Politiker, vor allem den Bundeskanzler, aber auch sehr viele andere, teilweise sogar mit entsprechender Partei oder dem Amt. Es sind schon relativ viele Parteien bekannt, die Hälfte der Befragten kennt politische Themen und die meisten haben schon einmal von der Regierung, dem Bundestag oder einer Demokratie gehört. Allerdings zeigt sich in den meisten abgefragten Wissensbereichen, dass viele – nicht alle – Kinder nur oberflächliches Begriffswissen haben, aber über kein weiteres inhaltliches Wissen beziehungsweise Verständnis verfügen. So haben relativ große Anteile der Befragten gar kein Wissen zu beziehungsweise gar keine Vorstellung von den Aufgaben von Politikern, den Zielen bestimmter Parteien oder der Zusammensetzung und Funktion der Regierung oder des Bundestags.

Schlussfolgerungen für die politische Bildung

Mit ihrem fragmentarischen Wissen sollten die Kinder nicht sich selbst überlassen werden. Vor allem im Unterricht beziehungsweise in einem eigenen Unterrichtsbereich sollte ihnen die Möglichkeit gegeben werden, unverdaute Eindrücke und Kenntnisse zu verarbeiten. Die Kinder brauchen Unterstützung, um die einzelnen Wissensteile zusammenzufügen, zu strukturieren, zu verstehen und zu verarbeiten. So kann ihr politisches Bild differenzierter und klarer werden.

In jeder der untersuchten Vergleichsgruppen wäre es sinnvoll, wenn in der Schule altersgerechte Konfrontation mit Politik stattfinden würde und mehr Wissen über das politische System in Deutschland, seine Strukturen, Prinzipien und Institutionen vermittelt oder erarbeitet würde. Kinder sollten ein erstes Grundverständnis der politischen Wirklichkeit entwickeln. Besonders bei Hauptschülern, die bereits nach der neunten Klasse die Schule verlassen, wäre es nötig, schon *frühzeitig* einen Grundstock an politischem Basiswissen aufzubauen.

Diejenigen politischen Themen, die bei Kindern im Gedächtnis hängen bleiben, sollten in der Schule, aber auch durch die Eltern aufgegriffen werden, um den Kindern bei der Verarbeitung zu helfen. Fragen sollten geklärt, Ursachen und Konsequenzen besprochen werden. Allgemein sollte verstärkt versucht werden, bei Kindern Interesse an aktuellen Themen und Geschehnissen zu wecken, sie mehr mit Aktuellem zu konfrontieren und zur Informationssuche anzuregen. Das gilt in besonderem Maße für die Hauptschüler, aber auch schon für die jüngeren Kinder. Für die Schule bietet sich zum Beispiel eine regelmäßig eingeplante Viertel- oder halbe Stunde an, in der aktuelle Themen aufgegriffen und besprochen werden.

6.6.3.6 Korrelation des politischen Wissens mit Hintergrundvariablen

Insgesamt ergibt sich für alle befragten Kinder ein durchschnittlicher Wissensindex von 7,9 Punkten (Standardabweichung: 5,0). Es gibt einige Kinder, die gar keinen Wissenspunkt haben, der maximale Punktestand von 24 Punkten wird nur von einem Kind erreicht. Es soll nicht darüber geurteilt werden, ob das politische Wissen, über das die befragten Kinder verfügen, gering oder hoch ist, sondern es soll lediglich überprüft werden, inwieweit bestimmte Merkmale des Befragten und bestimmte Hintergrundvariablen mit einem geringeren beziehungsweise höheren Wissen verknüpft sind.

Abbildung 6: Kindliches Politikwissen (Punkte / Wissensindex)

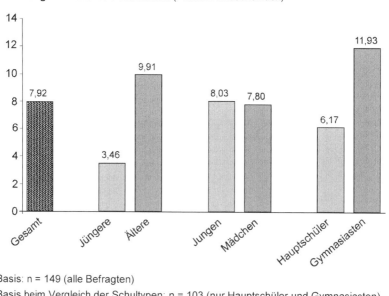

Basis: n = 149 (alle Befragten)
Basis beim Vergleich der Schultypen: n = 103 (nur Hauptschüler und Gymnasiasten)

124

Starke Zusammenhänge ergeben sich zwischen dem Alter und dem Schultyp der Kinder auf der einen Seite und ihrem politischen Wissen auf der anderen Seite. Die älteren Kinder haben im Durchschnitt deutlich höheres politisches Wissen als die jüngeren (Cramer's V = 0,69). Sie erreichen auf dem Wissensindex einen mittleren Punktestand von 9,9 Punkten (Standardabweichung: 4,6), während die Neun- und Zehnjährigen nur auf durchschnittlich 3,5 Punkte kommen (Standardabweichung: 2,5). Unter den Zwölf- und 13-Jährigen wissen die Gymnasiasten im Durchschnitt mehr über Politik als die Hauptschüler (Cramer's V = 0,75). Mit 11,9 Punkten (Standardabweichung: 3,5) erreichen sie einen etwa doppelt so hohen Wissensindex wie die Hauptschüler (Mittelwert: 6,2 Punkte; Standardabweichung: 3,9). Jungen und Mädchen unterscheiden sich nicht systematisch im Grad ihres politischen Wissens. Auch bei der Auswertung der einzelnen Wissensfragen deutete sich schon an, dass sich Jungen und Mädchen bei fast allen Fragen kaum oder gar nicht voneinander unterscheiden.

Politische Kommunikation im Elternhaus und politisches Wissen

Es besteht ein klarer Zusammenhang zwischen der politischen Kommunikation im Elternhaus eines Kindes und seinem politischen Wissen: Je häufiger sich die Eltern über Politik unterhalten – es geht um die wahrgenommene Häufigkeit –, desto höher ist das politische Wissen des Kindes (Cramer's V = 0,35). Der Mittelwert des Wissensindex steigt von 4,8 Punkten (Standardabweichung: 3,1) bei Kindern, deren Eltern „nie" über Politik sprechen, auf 10,5 Punkte (Standardabweichung: 6,0) bei Kindern, deren Eltern dies „oft" tun.

Die politischen Kenntnisse variieren zudem abhängig davon, ob Eltern ihr Kind in politische Gespräche integrieren: Diejenigen Kinder, die berichten, manchmal in die politischen Gespräche der Eltern einbezogen zu werden, haben im Durchschnitt höheres Politikwissen (Mittelwert: 10,1 Punkte; Standardabweichung: 4,9) als diejenigen, deren Eltern nur untereinander über Politisches sprechen (Mittelwert: 6,3 Punkte; Standardabweichung: 4,5) (Cramer's V = 0,51).

Hier liegt die Vermutung nahe, dass Kinder, die häufig Politikgespräche der Eltern mithören, dadurch – zumindest fragmentarisches – politisches Wissen erwerben. Dagegen könnte es sich negativ auf das politische Wissen von

Kindern auswirken, wenn ihre Eltern Politik aus dem Familiengespräch ausschließen und die Kinder in der Familie kaum mit politischen Sachverhalten in
Berührung kommen. Die politische Sozialisationstheorie besagt auch, dass
politische Kommunikation in der Familie manifeste politische Einflüsse verstärkt.[325] Je aktiver die Kinder diese Gespräche mitverfolgen und daran teilnehmen, desto größer könnte den Ergebnissen zufolge der Wissenszuwachs
sein. Allerdings ist nicht mit Sicherheit zu sagen, ob es tatsächlich die elterlichen Gespräche sind, die das Wissen der Kinder direkt beeinflussen. Möglicherweise liegt der Zusammenhang auch einfach darin begründet, dass der
soziale Status und das Bildungsniveau der Eltern als Drittvariable sowohl die
Häufigkeit politischer Kommunikation als auch das Wissen und die Bildung
der Kinder im Allgemeinen beeinflussen. Diese Möglichkeit ist jedoch weniger
relevant, denn auch in einem Haushalt höherer Bildung kann bei einem Kind
ohne Kommunikation kein politisches Wissen entstehen. Aber das Alter der
Kinder spielt bezüglich des gefundenen Zusammenhangs eine Rolle, denn
die älteren Befragten geben häufigere politische Gespräche ihrer Eltern an[326]
und haben höheres politisches Wissen als die jüngeren[327].

Politische Inhalte im Schulunterricht und politisches Wissen

Kinder, die angeben, in der Schule bereits über Politik gesprochen zu haben,
verfügen über höheres politisches Wissen (Mittelwert: 9,2 Punkte; Standardabweichung: 4,7), als diejenigen, die sich nicht an politische Unterrichtsinhalte erinnern (Mittelwert: 7,0 Punkte; Standardabweichung: 5,1) (Cramer's
V = 0,38). Da die Frage aber nur die Erinnerung an politische Unterrichtsinhalte erfasst, nicht aber ob Politik tatsächlich schon im Unterricht thematisiert wurde, könnte der Zusammenhang aufgrund des jeweiligen politischen
Interesses des Kindes zustande kommen: Je mehr Interesse ein Kind hat,
desto eher kann es sich an politische Unterrichtsgespräche erinnern und
desto höher ist auch sein politisches Wissen. Da das Interesse der Befragten
jedoch *nicht* mit der Erinnerung an politische Unterrichtsinhalte zusammenhängt[328], ist diese Vermutung nicht nahe liegend. Weitere steuernde Größen
könnten auch der Schultyp sowie tatsächlicher Unterrichtsstoff sein: Die

---

[325] vgl. Kapitel 3.2.1.2
[326] vgl. Kapitel 6.6.1.1
[327] vgl. Kapitel 6.6.3.6
[328] vgl. Kapitel 6.6.2.5

Gymnasiasten haben – laut Angaben der Lehrer – schon häufiger etwas über politische Strukturen und Systeme gelernt als die Hauptschüler, wodurch sie sich vielleicht häufiger an Politik im Unterricht erinnern können.[329] Gleichzeitig haben sie höheres Wissen als die Hauptschüler.[330]

Politische Mediennutzung und politisches Wissen

Die politische Mediennutzung eines Kindes hängt mit seinem politischen Wissen zusammen: Sowohl für das Fernsehen als auch für Radio und Zeitung zeigen sich mittlere bis hohe Zusammenhänge zwischen der Nutzung von Nachrichten oder politischen Inhalten und der Höhe des politischen Wissens. Diese Befunde entsprechen auch dem allgemeinen Forschungsstand.[331] So haben Kinder, die „oft" oder „manchmal" Fernsehnachrichten sehen, deutlich mehr Politikkenntnisse (Mittelwert: 11,0 zu 7,7 Punkte; Standardabweichung: 5,0 / 4,8) als Kinder, die „nie" Nachrichten sehen (Mittelwert: 4,2 Punkte; Standardabweichung: 3,3) (Cramer's V = 0,41). Ebenso ist die häufigere Nutzung von Radionachrichten und politischen Zeitungsinhalten mit höherem politischen Wissen verknüpft. Eine mögliche Interpretation dieser Zusammenhänge wäre, dass politische Mediennutzung auch bei Kindern politisches Wissen fördert und in irgendeiner Form zu Wissenszuwachs führt. Die Daten lassen jedoch keine sichere Aussage über die Richtung der Kausalität zu. Es könnte auch sein, dass höheres Wissen dazu führt, dass ein Kind sich häufiger politischen Medienangeboten zuwendet. Vermutlich ist von einer wechselseitigen Beeinflussung auszugehen, was auch andere Forscher vorschlagen.[332] Der Zusammenhang zwischen politischer Mediennutzung und politischem Wissen wird eventuell auch vom Bildungsniveau der Familie mitgesteuert. Dieses beeinflusst wahrscheinlich die Mediennutzungsgewohnheiten und auch das Wissen der Kinder und könnte somit zum Zusammenhang zwischen Mediennutzung und Wissen führen.

---

[329] vgl. Kapitel 6.6.1.2
[330] vgl. Kapitel 6.6.3.6
[331] vgl. Kapitel 3.2.3.1
[332] vgl. Kapitel 3.2.3.1

Schlussfolgerungen für die politische Bildung

Besonders Hauptschüler bedürfen einer politischen Wissensförderung, denn mit weniger als drei Punkten Vorsprung haben sie bei einer möglichen Gesamtpunktzahl von 24 Punkten kaum mehr Wissen über Politik als die Grundschüler der vierten Klasse. Daher sollte die Chance zur politischen Wissensvermittlung mehr als bisher ergriffen werden, solange sie noch die Schule besuchen.

Eltern können das politische Grundlagenwissen ihrer Kinder fördern, indem sie Politik zu Hause gelegentlich thematisieren und auch das Kind zur Auseinandersetzung damit anregen. Da der Kontakt mit politischen Themen und Gesprächen im Elternhaus zum Politikwissen beitragen kann, ist zu vermuten, dass auch politische Gespräche im Unterricht diesen Effekt haben können. Allerdings lassen die vorliegenden Daten keine Aussage darüber zu. Politische Mediennutzung hängt bei Kindern ebenfalls mit höherem Politikwissen zusammen. Deshalb müsste man versuchen, Kinder – mit altersangemessenen Medienangeboten – für politische Inhalte zu interessieren. Die wenigen Nachrichten- oder Politikangebote, die es für Kinder im Fernsehen gibt, sprechen eher jüngere Kinder an. Für angehende Jugendliche gibt es kaum adäquate Angebote. Daher sollten spezifische Informationsangebote für verschiedene Altersgruppen gemacht werden, die an Themen anknüpfen, die die Kinder interessieren.[333]

6.6.4 Politische Einstellungen

6.6.4.1 Einstellung zur deutschen Politik

Die Frage nach einer allgemeinen Bewertung der Politik in Deutschland ergibt, dass nur sehr wenige Kinder (5%) spontan ankreuzen, die deutsche Politik sei „gut". Dagegen schätzt ein Drittel der Befragten die Politik in Deutschland als „schlecht" ein. Der Rest wählt die Mittelkategorie „es geht so" (46%) oder traut sich kein Urteil zu (18%). Bezüglich der allgemeinen Politikbewertung ergeben sich keine besonderen Unterschiede nach Altersgruppen, Geschlecht und Schultyp. Das einzige, was sich hervorhebt, ist dass die jüngeren Kinder (33%) häufiger als die älteren (12%) und die Mädchen (24%)

---

[333] vgl. Kapitel 6.6.2.3

häufiger als die Jungen (13%) „ich weiß nicht" ankreuzen, vermutlich also keine Einstellung dazu haben.

6.6.4.2 Einstellung gegenüber Politikern

Affektive Einstellung gegenüber dem Bundeskanzler

Mehr als die Hälfte (52%) der befragten Viert- und Siebtklässler finden den deutschen Bundeskanzler Schröder „eher unsympathisch". 39% finden ihn „eher sympathisch". Nur 9% des Samples kreuzen an „ich kenne Gerhard Schröder nicht". Die Sympathiebekundung der Neun- und Zehnjährigen unterscheidet sich kaum von der der Zwölf- und 13-Jährigen. Auch nach Schultyp ergeben sich keine Unterschiede. Zwischen Zuneigung beziehungs-weise Abneigung und dem Geschlecht der Kinder besteht ebenfalls kein nennenswerter statistischer Zusammenhang, allerdings sieht man, dass die Jungen (46%) häufiger als die Mädchen (31%) mit dem Bundeskanzler sympathisieren, und die Mädchen (59%) ihn häufiger als die Jungen (46%) unsympathisch finden.

Kognitive Einstellungen gegenüber dem Bundeskanzler

Bittet man Kinder um Einstufungen des Bundeskanzlers bezüglich verschie-dener Eigenschaften und Verhaltensweisen, so zeigt sich keineswegs ein idealisiertes Bild.

Werden Kinder nach der persönlichen Hilfsbereitschaft des Bundeskanzlers gefragt, wählt kaum ein Kind (6%) die positivste Antwortkategorie („Der Bun-deskanzler würde mir und meiner Familie *immer* helfen, wenn ich Probleme habe."). 44% der Kinder glauben, der Kanzler würde ihnen „manchmal" helfen, und ein ebenso großer Anteil glaubt, er würde „nicht" helfen. Die übrigen Kinder kreuzen gar nichts an. Diese nicht sehr positive erste Ein-stufung des Bundeskanzlers durch die Kinder kann allerdings auch einfach ein Zeichen für eine realistische Sichtweise sein, denn der Bundeskanzler kann tatsächlich nicht jedem einzelnen Bürger helfend zur Seite stehen. Die jüngeren Kinder (15%) machen hier wieder häufiger als die älteren (2%) keine Angaben. Außerdem glauben sie häufiger (13%) als die Zwölf- und 13-Jährigen (3%), dass der Bundeskanzler ihnen „immer" helfen würde, und seltener (37% zu 48%), dass er „nicht" helfen würde (Cramer's V = 0,35).

Auch bei der Einschätzung des Interesses des Bundeskanzlers für die Gedanken, Ideen oder Bedürfnisse der Kinder wird nur von wenigen (10%) die positivste Einstufung ausgewählt („Wenn ich dem Bundeskanzler einen Brief schreiben würde, würde es ihn wahrscheinlich *sehr* interessieren, was ich denke."). 39% nehmen an, es würde ihn zumindest „ein bisschen" interessieren. Fast die Hälfte (45%) glaubt aber, es würde ihn gar „nicht" interessieren. Der Rest der Kinder macht keine Angaben dazu. Auch hier geben die Neun- bis Zehnjährigen (15%) häufiger als die Zwölf- bis 13-Jährigen (2%) gar nichts an, aber sie nehmen insgesamt positivere Einstufungen vor als die Älteren (Cramer's V = 0,35).

Dass der Bundeskanzler seine Versprechen „fast immer" hält, glauben nur 19% der befragten Kinder, aber auch nur 23% glauben, dass er sie „fast nie" hält. Die anderen Kinder nehmen an, er würde seinen Versprechungen „manchmal" nachkommen (55%) oder kreuzen keine der drei Vorgaben an (3%). Die neun- und zehnjährigen Kinder haben auch hier insgesamt wieder ein positiveres Bild vom Bundeskanzler als die ältere Gruppe (Cramer's V = 0,31): Während die Jüngeren zu 35% glauben, der Bundeskanzler halte „fast immer" seine Versprechen, sind es bei den Älteren nur 12%. Dass er sich „fast nie" an Versprechen hält, denken 17% der Jüngeren und 25% der Älteren.

Ein Viertel der Kinder ist der Ansicht, der Bundeskanzler mache „oft" Fehler. Nur 9% gehen davon aus, dass ihm „nur selten" Fehler unterlaufen. Die Mehrheit (64%) der Kinder kreuzt an, der Bundeskanzler mache „manchmal" Fehler. Einzelne Kinder geben dazu gar nichts an. Auch hier beurteilen die Neun- und Zehnjährigen den Kanzler insgesamt etwas positiver als die älteren Kinder der Stichprobe (Cramer's V = 0,21): Die Jüngeren glauben zu 15%, er mache „nur selten" Fehler, die Älteren glauben dies nur zu 6%. Umgekehrt denken 27% der Älteren, aber nur 17% der Jüngeren, der Bundeskanzler mache „oft" Fehler.

Einstellungen gegenüber Politikern

Betrachtet man die Einstellung von Kindern gegenüber Politikern im Allgemeinen und das Vertrauen, das sie in diese setzen, so zeigt sich ein negatives Bild. Von fünf Aussagen über Politiker und deren Handeln sollten diejenigen ausgewählt werden, die zutreffen. Dabei erhalten die negativen

Aussagen deutlich mehr Zustimmung als die positiven Aussagen. Nur 30% der befragten Kinder glauben, dass Politiker meistens die richtigen Entscheidungen für das Land treffen, und sogar nur 13% sind der Überzeugung, Politiker wüssten, was das Beste für die Bürger ist. Dagegen denkt die Mehrheit der Kinder, dass Politiker nicht zuverlässig sind: 92% sagen, dass manchmal auch Politiker Fehler machen, und jeweils 70% sind der Ansicht, dass Politiker oft ihre Versprechen brechen und oft nicht dem Bürgerwillen entsprechend handeln. Nach Altersgruppen, Geschlecht und Schultyp ergeben sich hier kaum systematische Unterschiede. Auffällig ist nur, dass die jüngeren Befragten zum Teil positivere Bewertungen geben als die älteren. So glauben die Neun- und Zehnjährigen (30%) zum Beispiel häufiger als die älteren Kinder (6%), dass die Politiker schon wüssten, was das Beste für die Bürger ist (Cramer's V = 0,33). Dagegen glauben sie seltener (52%) als die Älteren (78%), dass Politiker ihre Versprechen oft brechen (Cramer's V = 0,26). Dennoch sind auch bei den jüngeren Kindern die Einschätzungen überwiegend negativ. Auf die allgemeine Frage, ob die Politiker ihre Arbeit gut machen, antworten die meisten Kinder (67%) mit „teils teils". Nur 9% antworten mit einem klaren „ja", aber auch nur 9% verneinen. 15% der Befragten geben an, dies nicht beurteilen zu können. Hier ergeben sich im Antwortverhalten kaum Unterschiede nach Alter, Geschlecht und Schultyp.

Fazit zur Politikereinstellung

Aus den Ergebnissen wird deutlich, dass Kinder der untersuchten Altersgruppen bereits politische Einstellungen haben: Sie scheuen sich nicht, Politiker und die Politik im Allgemeinen sowie den deutschen Bundeskanzler im Speziellen zu bewerten. Bei allen Fragestellungen traut sich nur eine Minderheit kein Urteil zu, obwohl die Möglichkeit „ich weiß nicht" meist zur Verfügung stand. Das heißt, politische Einstellungen werden schon in der Kindheit geprägt, obwohl sich Interesse und tiefgreifenderes Wissen meist erst später entwickeln. Zum Teil bringen die älteren Kinder etwas häufiger als die jüngeren Kinder eine Einstellung zum Ausdruck. Das lässt vermuten, dass Grundschulkinder noch häufiger keine Einstellungen gegenüber Parteien und Politikern haben, diese sich aber bis zur siebten Klasse weiter entwickeln. Insgesamt kann man von einer eher negativen Tendenz der Einstellungen der befragten Kinder gegenüber der Politik, politischen Akteuren und deren

Handeln sprechen. Mit einer Ausnahme überwiegen bei allen Fragen die negativen Antworten gegenüber den positiven. Zu beachten ist aber auch, dass relativ große Anteile der Kinder bei vielen Fragen mittelmäßige oder neutrale Bewertungen abgeben. Auf keinen Fall neigen die befragten Kinder aber zur Idealisierung politischer Autorität. Sie haben kein allzu großes Vertrauen in den Bundeskanzler und erst recht nicht in die Politiker im Allgemeinen. Zu großen Anteilen drücken sie eindeutig negative Einstellungen aus. Die extrem starke affektive Bindung an das politische System und seine Repräsentanten, die sich bei amerikanischen Kindern zeigte[334], ist bei dieser deutschen Stichprobe also nicht gegeben. Diese Diskrepanz zwischen dem einstimmigen Ergebnis amerikanischer Forschung und dem Ergebnis der vorliegenden Studie ist leicht erklärbar: In den USA wird bereits im Kindesalter eine Bindung an das politische System, dessen Institutionen und Repräsentanten gefördert, was in Deutschland nicht in diesem Ausmaß der Fall ist. Wahrscheinlich sind die politischen Einstellungen deutscher Kinder in der aktuellen Situation zu stark geprägt durch die allgemein verbreitete negative und pessimistische Stimmung gegenüber der Regierung und ihrer Politik und die Unzufriedenheit innerhalb der Bevölkerung. Diese Annahme liegt auch deshalb nahe, weil sich in einem späteren Auswertungsteil ergibt, dass die Häufigkeit elterlicher Gespräche über Politik mit einer negativen Einstellung auf Seiten des Kindes zusammenhängt.[335]

Schlussfolgerungen für die politische Bildung

Die Ergebnisse deuten darauf hin, dass Kindern in unserer Gesellschaft in der aktuellen Situation schon früh ein negatives Bild von der Politik im Allgemeinen übermittelt wird. Kritikfähigkeit wäre zwar wünschenswert, aber diese negative Einstellung der befragten Kinder ist vermutlich nicht nur auf Wissen zurückzuführen. Viele Kinder haben wahrscheinlich eher ein pauschales Misstrauen gegenüber der Politik erworben, indem sie negative Einstellungen ihrer Eltern beziehungsweise erwachsener Bürger übernommen haben. Die Kinder zeigen insgesamt eher wenig Wertschätzung und Vertrauen gegenüber den deutschen Politikern. Mit Politikern assoziieren sie

---

[334] vgl. Kapitel 4.1.3
[335] vgl. Kapitel 6.6.4.4

oftmals im Gegenteil sogar Unzuverlässigkeit und Unglaubwürdigkeit. Dieser Befund ist bedenklich, weil bei Bürgern zum einen ein grundlegendes Vertrauen in die politischen Institutionen vorhanden sein sollte. Zum anderen kommt hinzu, dass solche grundlegenden, allgemeinen Einstellungen, die schon in der Kindheit entstehen, zukünftig als politische Grundhaltungen relativ stabil bleiben können.[336] Daher sollte der Versuch unternommen werden, der negativen politischen Einstellung, die viele Kinder haben, zum Beispiel in der Schule entgegenzuwirken.

6.6.4.3 Einstellung gegenüber Parteien

Entgegen bisheriger – allerdings älterer – amerikanischer und auch deutscher Forschungsergebnisse[337] hat die Mehrheit (73%) der hier befragten Viert- und Siebtklässler noch *keine* Parteipräferenz. Das übrige Viertel der Stichprobe nennt eine bevorzugte Partei. Dabei werden hauptsächlich CDU / CSU (10%) und SPD (10%) als bevorzugte Parteien angegeben. 5% aller Kinder präferieren die Grünen. Andere Parteien (FDP, PDS und Republikaner) werden nur von einzelnen Kindern genannt. Die älteren Kinder (31%) haben häufiger als die jüngeren (20%) eine Parteipräferenz (Cramer's V = 0,30). Ebenso geben die Jungen (38%) häufiger als die Mädchen (16%) und die Gymnasiasten (36%) häufiger als die Hauptschüler (22%) eine Parteineigung an (Cramer's V = 0,32 / 0,24).

In allen Gruppen tendieren die Kinder aber in der Mehrheit noch nicht dazu, schon eine bestimmte Partei zu favorisieren. Diejenigen Kinder, die eine bevorzugte Partei angeben, sympathisieren wahrscheinlich eher auf einem Gefühl als auf Wissen basierend mit dieser Partei. Vermutlich können die meisten ihre Entscheidung beziehungsweise Präferenz auch nicht rational begründen. Diese Annahme liegt nahe, weil sich im Wissensteil der Untersuchung zeigt, dass die Kinder in der Regel kaum Wissen über die Positionen und Ziele einzelner Parteien haben.[338]

---

[336] vgl. Kapitel 5
[337] vgl. Kapitel 4.1.3 und 4.2.3
[338] vgl. Kapitel 6.6.3.3

6.6.4.4 Korrelation der politischen Einstellungen mit Hintergrundvariablen

Alle befragten Viert- und Siebtklässler kommen gemeinsam auf einen durchschnittlichen Einstellungsindex von –4,1 Punkten (Standardabweichung: 4,6). Der Mittelwert zeigt, dass bei den Einstellungsfragen die negativen gegenüber den positiven Antworten überwiegen. Der negativste Wert von –12 Punkten wird von zwei Kindern erreicht, der positivste Wert von +12 Punkten wird von keinem Kind erreicht: Die höchste Punktzahl, die ein Kind erreicht, liegt bei +9 Punkten. In der untersuchten Stichprobe sind relativ viele Kinder sehr negativ gegenüber Politikern eingestellt: 79% aller Befragten erreichen einen Einstellungsindex, der unter null Punkten – also im negativen Bereich – liegt. Etwa ein Drittel der Kinder liegt sogar im *sehr* negativen Bereich ab –7 Punkten. Demgegenüber gibt es nur wenige Kinder, die insgesamt sehr positive Einstellungen haben. Die höheren positiven Punktwerte werden nur von wenigen Kindern erreicht, was bedeutet, dass kaum ein Kind der untersuchten Gruppe eine idealisierte Vorstellung von und Einstellung gegenüber Politik und Politikern hat.

Wie in den amerikanischen Forschungsarbeiten[339] haben auch in dieser Stichprobe die jüngeren Kinder im Durchschnitt etwas positivere Einstellungen als die älteren (Cramer's V = 0,40). Der Einstellungsindex der Neun- bis Zehnjährigen beträgt durchschnittlich –2,4 Punkte (Standardabweichung: 4,9), die Zwölf- und 13-Jährigen kommen auf –4,8 Punkte (Standardabweichung: 4,3). Trotzdem haben aber auch die Kinder der jüngeren Altersgruppe überwiegend negative Einstellungen, da der Mittelwert des Einstellungsindex im negativen Bereich liegt. Die durchschnittlichen politischen Einstellungen von Jungen und Mädchen unterscheiden sich nicht systematisch voneinander. Ebenso unterscheiden sich Hauptschüler und Gymnasiasten kaum in ihrer durchschnittlichen Einstellung gegenüber Politikern.

Politische Kommunikation im Elternhaus und politische Einstellungen

Kinder, deren Eltern zu Hause „oft" über Politik sprechen, haben insgesamt negativere politische Einstellungen als andere Kinder (Cramer's V = 0,34). Sie erreichen einen Einstellungsindex von –6,4 Punkten (Standardabweichung: 4,4), während Kinder, die von gar keinen oder nur gelegentlichen politischen Gesprächen ihrer Eltern berichten, nur auf Werte von –3,7

---

[339] vgl. Kapitel 4.1.3

bis −3,8 kommen (Standardabweichung: 4,4 bis 4,8). Dieser Zusammenhang ließe sich dadurch erklären, dass Eltern sich vermutlich häufiger über die aktuelle Politik, die Regierung und Politiker beschweren und seltener positive Äußerungen treffen. Wenn Kinder solche Gespräche und Äußerungen ihrer Eltern hören, wird ihnen dadurch eine eher negative Einstellung vermittelt. Auch frühere Forschung zeigt, dass Kinder eine Abneigung der Eltern gegenüber politischen Objekten übernehmen können, und zwar vor allem dann, wenn diese Orientierung häufig und deutlich wahrnehmbar in der Familie kommuniziert wird.[340]

Eine Rolle für die kindliche Politikeinstellung spielt auch, ob ein Kind an den politischen Gesprächen der Eltern aktiv beteiligt ist oder nur unbeteiligt, vielleicht beiläufig zuhört. Wenn Kinder in Politikgespräche einbezogen werden, ist ihr durchschnittlicher Einstellungsindex etwas negativer (Mittelwert: −5,1 Punkte; Standardabweichung: 4,0) als wenn sich die Eltern nur untereinander über Politik unterhalten (Mittelwert: −3,2 Punkte; Standardabweichung: 5,0) (Cramer's V = 0,37).

Politische Inhalte im Schulunterricht und politische Einstellungen

Ob ein Kind sich an politische Unterrichtsinhalte erinnern kann, hängt nicht mit einer positiven oder negativen politischen Einstellung zusammen.

Politische Mediennutzung und politische Einstellungen

Für unterschiedliche Medien ergeben sich unterschiedliche Zusammenhänge zwischen Mediennutzung und politischer Einstellung. Nur für die Nutzung von Kindernachrichten im Fernsehen besteht kein Zusammenhang mit der Einstellung. Die Beeinflussung politischer Einstellungen durch politische Mediennutzung zeigte sich bereits in früheren Studien.[341] Politische Zeitungsnutzung ist deutlich verknüpft mit der politischen Einstellung des Kindes: Je häufiger Kinder politische Zeitungsartikel lesen, desto positiver ist ihre politische Einstellung (Cramer's V = 0,50 / 0,52 / 0,44). Dieser Zusammenhang zeigt sich sowohl für das Lesen lokalpolitischer als auch bundes- und weltpolitischer Zeitungsinhalte. „Oft"-Leser unterscheiden sich um 1,9 bis 3,9 Punkte auf dem Einstellungsindex von „nie"-Lesern. Auch eine häufigere Nutzung der

---

[340] vgl. Kapitel 3.2.1.2
[341] vgl. Kapitel 3.2.3.1

Fernsehnachrichten ist eher mit etwas positiveren politischen Einstellungen verbunden. Kinder, die „oft" oder „manchmal" Nachrichten im Fernsehen sehen, kommen auf −4,1 beziehungsweise −3,8 Einstellungspunkte (Standardabweichung: 4,9 / 4,5), während Kinder, die „nie" Nachrichten sehen, einen durchschnittlichen Einstellungsindex von −5,6 Punkten (Standardabweichung: 4,6) erreichen (Cramer's V = 0,45). Die Unterschiede sind bezüglich der Fernsehnachrichtennutzung allerdings sehr gering. Bezüglich der Hörfunknachrichten zeigt sich das Gegenteil: Kinder, die angeben, „oft" Nachrichten im Radio zu hören, haben im Durchschnitt geringfügig negativere Einstellungen (Mittelwert: −5,0 Punkte; Standardabweichung: 4,1) als Kinder, die „manchmal" oder „nie" Radionachrichten hören (Mittelwert: −3,8 / −3,3 Punkte; Standardabweichung: 4,5 / 5,0) (Cramer's V = 0,43). Inwieweit diese Hinweise zum Zusammenhang zwischen politischer Mediennutzung und politischer Einstellung von Kindern aussagekräftig sind, ist jedoch zu hinterfragen. Zum einen sind die Unterschiede zwischen den verglichenen Mittelwerten zum Teil nur sehr gering. Zum anderen liegt der durchschnittliche Einstellungsmittelwert in sämtlichen Vergleichsgruppen im negativen Bereich – also auch bei denjenigen, die eine „positivere" Einstellung haben. Die Korrelationen in *allen* Untersuchungsbereichen sind zudem mit Vorsicht zu interpretieren, weil genau genommen keine Kausalschlüsse möglich sind und weil es in der politischen Sozialisation zu viele andere beeinflussende Variablen gibt, die die Zusammenhänge steuern könnten.

Schlussfolgerungen für die politische Bildung

Da elterliche Gespräche mit einer noch negativeren Einstellung verbunden sind, wäre es notwendig, Kindern zu Hause wie auch in der Schule auch objektive politische Informationen zu vermitteln, damit sie nicht nur prägnante subjektive Negativäußerungen übernehmen. Wissensvermittlung und objektive Erklärungen könnten auch dazu beitragen, die Hintergründe der politischen Unzufriedenheit etwas mehr zu verstehen und eventuell eine unabhängigere Einstellungsbildung anzuregen.

6.7 Kritik an der Vorgehensweise

Am methodischen Vorgehen der vorliegenden Untersuchung gibt es einige Aspekte zu kritisieren.

Zu bedenken ist in erster Linie die Validität eines **schriftlichen Fragebogens** für die Arbeit mit Kindern. Da sich jedoch die Antworten der Kinder in der mündlichen Vorbefragung nicht erheblich von den Antworten der Kinder in der schriftlichen Befragung unterschieden – bis auf die bereits angesprochene Tatsache, dass in der Befragung die drei letzten offenen Fragen nicht immer ausgefüllt wurden –, wird von einer Gültigkeit der Messung mit schriftlichem Fragebogen ausgegangen. Die quantitative Untersuchung ist ein erster Zugang zur Fragestellung, der idealerweise noch durch weitere Daten – auch qualitative – ergänzt und präzisiert werden sollte.

Um die Validität der Wissensmessung zu erhöhen, wurde im Wissensteil großteils mit **offenen Fragen** gearbeitet. Dabei ergab sich das Problem, dass die Fragen an manchen Stellen – besonders am Ende des Fragebogens – von einigen Kindern nicht beantwortet wurden. Es ist dadurch nicht mehr mit Sicherheit zu unterscheiden, ob ein Kind die Antwort nicht weiß oder einfach den Aufwand scheut, die offene Frage schriftlich zu beantworten. Um diese Problematik zu umgehen, wäre es sinnvoll, in zukünftiger Forschung quantitative und qualitative Vorgehensweisen zu kombinieren.

Von den sehr breiten untersuchten Bereichen – politisches Interesse, politisches Wissen und politische Einstellungen – konnten nur einzelne **exemplarische Aspekte** herausgegriffen und betrachtet werden. Daher decken die Ergebnisse auch nur einen Ausschnitt möglicher politischer Orientierungen von Kindern ab.

Die **Hintergrundvariablen**, die zur Erklärung der politischen Orientierungen herangezogen wurden, müssten differenzierter erfasst werden. Es genügt nicht nur eine einzelne Frage beziehungsweise Variable pro Sozialisationsagent, um dessen Einfluss zu erfassen. Des Weiteren müsste bei sämtlichen Korrelationen der Einfluss einer Reihe von **Drittvariablen** kontrolliert werden, da die politische Sozialisation ein multivariabler Prozess ist. Die Ergebnisse sind demnach nur als Hinweise zu verstehen, die noch weiter verfolgt werden müssen.

Die relativ **kleine, nicht repräsentative Stichprobe** begrenzt die Aussagekraft der empirischen Arbeit. Trotzdem ergibt die Studie interessante Informationen und auch Anregungen für künftige Forschung.

7. Zusammenfassung und Ausblick

Im Folgenden werden die wesentlichen Ergebnisse der empirischen Studie zusammengefasst. Die Thesen sind aber unbedingt nur als Annahmen zu verstehen, die in weiterführender Forschung überprüft werden müssen. Bisher gelten sie nur für die untersuchte Stichprobe und sind damit nicht allgemeingültig.

1. Kinder des vierten und siebten Schuljahres werden bereits mit Politischem konfrontiert, und zwar durch gelegentliche politische Kommunikation im Elternhaus, durch die Massenmedien und zum Teil auch durch die Schule.
2. Das explizite Interesse für Politik ist bei den meisten Kindern eher gering. Gründe dafür sind vor allem, dass Kinder Politik mit „langweilig" assoziieren, Politisches oft nicht verstehen und eher als Thema für Erwachsene sehen, das sie noch nichts angeht.
3. Jungen interessieren sich häufiger für Politik als Mädchen. Gymnasiasten interessieren sich geringfügig häufiger für Politik als Hauptschüler.
4. Es gibt politische Themen, über die man Kinder ansprechen kann. Dazu gehören vor allem Terror und Krieg, aber zum Beispiel auch Umwelt- oder Geschichtsthemen. Solche Themen können auch das Interesse von Kindern wecken, die sich nicht explizit für Politik interessieren.
5. Kinder der vierten und siebten Klassenstufe erleben die politische Umwelt mit und erwerben ein gewisses Politikwissen. Dieses Wissen ist aber eher fragmentarisch und oberflächlich.
6. Ältere Kinder verfügen über mehr politisches Wissen als jüngere Kinder. Gymnasiasten wissen mehr über Politik als Hauptschüler.
7. Konfrontation mit Politik kann bei Kindern politisches Interesse anregen und politisches Wissen fördern: Kinder entwickeln ein höheres Politikinteresse und -wissen, wenn ihre Eltern zu Hause über Politik sprechen und die Kinder dabei auch einbeziehen. Ebenso hängt eine

häufigere politische Mediennutzung bei Kindern mit höherem politischen Interesse und Wissen zusammen.

8. Kinder der untersuchten Altersgruppen haben bereits politische Einstellungen. Die deutsche Politik, Politiker im Allgemeinen und der Bundeskanzler im Speziellen werden eher negativ bewertet. Die Kinder setzen wenig Vertrauen in Politiker und deren Handeln und haben insgesamt ein negatives Politikbild.

9. Häufigere elterliche Politikgespräche, in die die Kinder auch manchmal eingebunden werden, hängen mit einer noch negativeren politischen Einstellung zusammen. Während eine häufigere Nutzung politischer Zeitungsberichte und Fernsehnachrichten mit positiveren Politikeinstellungen verbunden ist, hängt eine häufigere Nutzung von Hörfunknachrichten mit etwas negativeren Politikeinstellungen zusammen.

10. Die meisten Neun- bis Zehn- und Zwölf- bis 13-Jährigen haben noch keine Parteipräferenz erworben.

Zum wiederholten Male zeigt die Studie, dass Kinder tatsächlich manifeste politische Orientierungen haben. Die politische Welt von Kindern ist ein interessantes und ergiebiges Forschungsfeld, dem in Zukunft mehr Aufmerksamkeit geschenkt werden sollte. Künftige Forschung könnte die aufgestellten Hypothesen überprüfen, weitere Aspekte der untersuchten Komponenten beleuchten, Hintergrundvariablen differenzierter einbeziehen oder multivariate Analysen dazu durchführen. Dabei sollten verschiedene quantitative und qualitative Messmethoden miteinander kombiniert werden, um der Komplexität und Vielfältigkeit des Untersuchungsgegenstandes gerecht zu werden.

Die Ergebnisse bieten wichtige Anhaltspunkte für die politische Bildung und sollten bei didaktischen Überlegungen berücksichtigt werden. Diese Untersuchung spricht dafür, dass die kindlichen Orientierungen bezüglich der Politik – besonders im Bereich des Wissens – der „Hege und Pflege" bedürfen, um das Zitat aus der Einleitung noch einmal aufzugreifen. Es wäre sinnvoll, Kinder nicht nur indirekt politisch zu erziehen, sondern sie auch manifest an politische Themen heranzuführen, ihre politischen Erfahrungen

aufzugreifen und ihnen anhand interessanter Themen politisches Grundwissen zu vermitteln. Auch bezüglich der Grundschule sollte man nicht
weiterhin davon ausgehen, dass ihre Unterrichtsinhalte allenfalls vorpoli-
tischer Art sein können. Denn damit bliebe die Tatsache ignoriert, dass manifeste politische Sozialisation und damit der Erwerb politischen Wissens und
politischer Einstellungen schon längst begonnen haben.[342]

---

[342] Müller, 1971, 52

8.   Literaturverzeichnis

Adorno, Theodor W. (1967): Soziologie und empirische Sozialforschung. In: Soziologische Exkurse. Frankfurter Beiträge zur Soziologie, Bd. 4. Dritte Auflage. Frankfurt am Main: o.v..

AGF / GfK (Fernsehforschung) (2004): PC#TV; Zuschauer 3 bis 13 Jahre; Fernsehpanel (D).

Ackermann, Paul (1996): Das Schulfach „Politische Bildung" als institutionalisierte politische Sozialisation. In: Claußen, Bernhard / Geißler, Rainer (Hrsg.) (1996): Die Politisierung des Menschen. Instanzen der politischen Sozialisation. Ein Handbuch. Politische Psychologie, Bd. 2. Opladen: Leske und Budrich, S. 91-100.

Ackermann, Paul (2002): Politische Sozialisation: Schule. In: Greiffenhagen, Martin / Greiffenhagen, Sylvia (Hrsg.): Handwörterbuch zur politischen Kultur der Bundesrepublik Deutschland. Zweite, völlig überarbeitete und aktualisierte Auflage. Wiesbaden: Westdeutscher Verlag, S. 450-454.

Almond, Gabriel A. / Verba, Sidney (1963): The Civic Culture. Political Attitudes and Democracy in Five Nations. Princeton, New Jersey: Princeton University Press.

Almond, Gabriel A. / Powell, G. Bingham / Mundt, Robert J. (1996): Comparative Politics. A Theoretical Framework. Zweite Auflage. New York: HarperCollins College Publishers.

Atkin, Charles / Gantz, Walter (1979): Wie Kinder auf Fernsehnachrichten reagieren: Nutzung, Präferenzen, Lernen. In: Fernsehen und Bildung 13, S. 21-32.

Beck, Gertrud (1973): Autorität im Vorschulalter. Eine soziologische Untersuchung zur politischen Sozialisation in der Familie. Weinheim / Basel: Beltz.

Beck, Gertrud (1974): Politische Sozialisation und politische Bildung in der Grundschule. Zweite überarbeitete Auflage. Frankfurt am Main: Hirschgraben-Verlag.

Beck, Gertrud (1978): Außerschulische Sozialisation und schulisches Lernen. In: Bundeszentrale für politische Bildung (Hrsg.) (1978): Politisches und soziales Lernen im Grundschulalter. Vorträge und Materialien der von der Bundeszentrale für politische Bildung vom 14. bis 18. März 1977 in Heidelberg veranstalteten Fachtagung „Politische Sozialisation im Kindesalter". Schriftenreihe der Bundeszentrale für politische Bildung, Bd. 131. Bonn: Bundesdruckerei Bonn, S. 30-47.

Becker, Egon / Herkommer, Sebastian / Bergmann, Joachim (1970): Erziehung zur Anpassung? Eine soziologische Untersuchung der politischen Bildung in den Schulen. Dritte Auflage. Schwalbach: Wochenschau Verlag.

Behr, Wolfgang (1983): Jugend in der Bundesrepublik – Herausforderung für Demokratie und Staat. In: Schörken, Rolf (Hrsg.): Politische Integration der Jugend. Politische Bildung. Beiträge zur wissenschaftlichen Grundlegung und zur Unterrichtspraxis, 16, 2. Stuttgart: Klett, S. 20-35.

Behrmann, Gisela (1983): Sozialisationsfelder des politischen Lernens in Kindheit und Jugend. Konzepte und Ergebnisse amerikanischer und deutscher Studien zur politischen Sozialisation. Dissertation. Bonn: Rheinische Friedrich-Wilhelms-Universität.

Behrmann, Günter C. (1972): Politische Sozialisation. In: Görlitz, Axel (Hrsg.): Handlexikon zur Politikwissenschaft. Zweite, erweiterte Auflage. München: Ehrenwirth, S. 346-354.

Bohner, Gerd (2002): Einstellungen. In: Stroebe, Wolfgang / Jonas, Klaus / Hewstone, Miles (Hrsg.): Sozialpsychologie. Eine Einführung. Vierte, über-arbeitete und erweiterte Auflage. Berlin u.a.: Springer, S. 265-315.

Bonfadelli, Heinz (1999): Medienwirkungsforschung I: Grundlagen und theoretische Perspektiven. Uni-Papers, Bd. 10. Konstanz: UVK Medien.

Bürklin, Wilhelm (1988): Wählerverhalten und Wertewandel. Grundwissen Politik, Bd. 3. Opladen: Leske und Budrich.

Chaffee, Steven H. / Ward, L. Scott / Tipton, Leonard P. (1973): Massen-kommunikation und politische Sozialisation. In: Aufermann, Jörg / Bohrmann, Hans / Sülzer, Rolf (Hrsg): Gesellschaftliche Kommunikation und Information. Forschungsrichtungen und Problemstellungen. Ein Arbeitsbuch zur Massen-kommunikation, Bd. II. Frankfurt am Main: Fischer, S. 471-494.

Chaffee, Steven H. (1979): Die Massenmedien als Agenturen der politischen Sozialisation. In: Behrmann, Günter C. (Hrsg.): Politische Sozialisation in ent-wickelten Industriegesellschaften. Beiträge zur internationalen Fachtagung „Politische Sozialisation und politische Bildung" vom 10. bis 14. Oktober 1977 in Tutzing. Schriftenreihe der Bundeszentrale für politische Bildung, Bd. 132. Bonn: Bundesdruckerei Bonn, S. 183-198.

Claußen, Bernhard (1996): Die Politisierung des Menschen und die Instanzen der politischen Sozialisation: Problemfelder gesellschaftlicher All-tagspraxis und sozialwissenschaftlicher Theoriebildung. In: Claußen, Bern-hard / Geißler, Rainer (Hrsg.): Die Politisierung des Menschen. Instanzen der politischen Sozialisation. Ein Handbuch. Politische Psychologie, Bd. 2. Opladen: Leske und Budrich, S. 15-48.

Claußen, Bernhard / Geißler, Rainer (1996): Vorwort. In: Claußen, Bernhard / Geißler, Rainer (Hrsg.): Die Politisierung des Menschen. Instanzen der politischen Sozialisation. Ein Handbuch. Politische Psychologie, Bd. 2. Opladen: Leske und Budrich, S. 9-12.

Connell, Robert W. (1971): The Child's Construction of Politics. Melbourne: Melbourne University Press.

Conway, M. Margaret / Wyckoff, Mikel L. / Feldbaum, Eleanor / Ahern, David (1981): The News Media in Children's Political Socialziation. In: Public Opinion Quarterly, 45, S. 164-178.

Czajka, Ruth (1965): „Politisches Erleben" bei Volksschülern im 3. und 4. Schuljahr. In: Gesellschaft – Staat – Erziehung, 10, S. 335-341.

Dawson, Richard E. / Prewitt, Kenneth / Dawson, Karen S. (1977): Political Socialization. Zweite Auflage. Boston / Toronto: Little, Brown and Company.

Delli Carpini, Michael X. / Keeter, Scott (1996): What Americans Know About Politics and Why It Matters. New Haven / London: Yale University Press.

Dominick, Joseph R. (1972): Television and Political Socialization. In: Educational Broadcasting Review, 6, S. 48-56.

Düring, Paul (1968): Politische Bildung in Grundschule und Hauptschule. Didaktische Grundlegung und methodische Handreichung. München: Ehrenwirth.

Eagly, Alice H. / Chaiken, Shelly (1998): Attitude structure and function. In: Gilbert, Daniel T. / Fiske, Susan T. / Lindzey, Gardner (Hrsg.): Handbook of social psychology, Bd. 1. Vierte Auflage. New York: McGraw-Hill, S. 269-322.

Easton, David / Hess, Robert D. (1962): The Child's Political World. In: Midwest Journal of Political Science, 6, 3, 1962, S. 229-246.

Easton, David / Dennis, Jack (1965): The Child's Image of Government. In: The Annals of The American Academy of Political and Social Science, 361, S. 40-57.

Easton, David / Dennis, Jack (1969): Children in the Political System: Origins of Political Legitimacy. Chicago / London: University of Chicago Press.

Egan, Lola M. (1978): Children's Viewing Patterns for Television News. In: Journalism Quarterly, 55, S. 337-342.

Ehman, Lee H. (1979): Die Funktion der Schule im politischen Sozialisationsprozeß. In: Behrmann, Günter C. (Hrsg.): Politische Sozialisation in entwickelten Industriegesellschaften. Beiträge zur internationalen Fachtagung „Politische Sozialisation und politische Bildung" vom 10. bis 14. Oktober 1977 in Tutzing. Schriftenreihe der Bundeszentrale für politische Bildung, Bd. 132. Bonn: Bundesdruckerei Bonn, S. 249-269.

Erikson, Robert S. / Luttbeg, Norman R. / Tedin, Kent L. (1988): American Public Opinion. Its Origins, Content, and Impact. Dritte Auflage. New York: Macmillan.

Feierabend, Sabine / Klingler, Walter (2002): Medien- und Themeninteressen Jugendlicher. Ergebnisse der JIM-Studie 2001 zum Medienumgang Zwölf- bis 19-Jähriger. In: Media Perspektiven, 1, S. 9-21.

Fishbein, Martin / Ajzen, Icek (1975): Belief, Attitude, Intention, and Behavior. An Introduction to Theory and Research. Reading, Massachusetts u.a.: Addison-Wesley.

Fogt, Helmut (1982): Politische Generationen. Empirische Bedeutung und theoretisches Modell. Beiträge zur sozialwissenschaftlichen Forschung, Bd. 32. Opladen: Westdeutscher Verlag.

Garramone, Gina M. / Atkin, Charles K. (1986): Mass Communication and Political Socialization: Specifying the Effects. In: Public Opinion Quarterly, 50, S. 76-86.

Geißler, Rainer (1980): Zwischen Allmacht und Ohnmacht. Ergebnisse und Kritik der Wirkungsanalysen zur politischen Sozialisation in der Familie. In: Schweizerische Zeitschrift für Soziologie, 6, 3, S. 485-500.

Geißler, Rainer (1982): Welchen Einfluß haben Massenmedien auf politisches Bewußtsein und politisches Handeln? In: Claußen, Bernhard / Wasmund, Klaus (Hrsg.): Handbuch der politischen Sozialisation. Braunschweig: Agentur Pedersen, S. 84-103.

Geißler, Rainer (1996): Politische Sozialisation in der Familie. In: Claußen, Bernhard / Geißler, Rainer (Hrsg.): Die Politisierung des Menschen. Instanzen der politischen Sozialisation. Ein Handbuch. Politische Psychologie, Bd. 2. Opladen: Leske und Budrich, S. 51-70.

Greenstein, Fred I. (1960): The Benevolent Leader: Children's Images of Political Authority. In: American Political Science Review, 54, S. 934-943.

Greenstein, Fred I. (1965): Children and Politics. Yale Studies in Political Science, Bd. 13. New Haven / London: Yale University Press.

Greenstein, Fred I. (1968): Political Socialization. In: Sills, David L. (Hrsg.): International Encyclopedia of the Social Sciences, Bd. 14. O.O.: Macmillan & The Free Press, S. 551-555.

Greenstein, Fred I. / Tarrow, Sidney (1970): Political Orientations of Children: The Use of a Semi-Projective Technique in Three Nations. Comparative Politics Series, Bd. 1. Beverly Hills, California: Sage Publications.

Greenstein, Fred I. (1975): The Benevolent Leader Revisited: Children's Images of Political Leaders in Three Democracies. In: American Political Science Review, 69, 1, S. 1371-1398.

Hainke, Axel (1970): Politische Sozialisation. Neuere amerikanische Beiträge zu einer Theorie des politischen Lernprozesses und ihr Zusammenhang mit der allgemeinen Sozialisationsforschung. Dissertation. Hamburg: Lüdke.

Hartfiel, Günter (1972): Wörterbuch der Soziologie. Stuttgart: Kröner.

Hartmann, Klaus-Dieter (1982): Was bewirkt politische Sozialisation für die Motivation zum politischen Handeln? In: Claußen, Bernhard / Wasmund, Klaus (Hrsg.): Handbuch der politischen Sozialisation. Braunschweig: Agentur Pedersen, S. 291-307.

Hess, Robert D. / Easton, David (1960): The child's changing image of the President. In: Public Opinion Quarterly, 24, S. 632-644.

Hess, Robert D. (1963): The Socialization of Attitudes toward Political Authority: Some Cross-National Comparisons. In: International Social Science Journal, Vol. 15, 1963. S. 542-559.

Hess, Robert D. / Torney, Judith V. (1967): The Development of Political Attitudes in Children. Chicago: Aldine.

Holtz-Bacha, Christina (1988): Unterhaltung ist nicht nur lustig. Zur politischen Sozialisation durch unterhaltende Medieninhalte: Eine Forschungsnotiz. In: Publizistik, 33, S. 493-504.

Horstmann, Reinhold (1991): Medieneinflüsse auf politisches Wissen. Zur Tragfähigkeit der Wissenskluft-Hypothese. Wiesbaden: DUV.

Irle, Martin (1975): Lehrbuch der Sozialpsychologie. Göttingen / Toronto / Zürich: Hogrefe.

Jaros, Dean / Hirsch, Herbert / Fleron, Frederic J. (Jr.) (1968): The Malevolent Leader: Political Socialization in an American Sub-Culture. In: American Political Science Review, 62, S. 564-575.

Jennings, M. Kent / Niemi, Richard G. (1968): The Transmission of Political Values from Parent to Child. In: American Political Science Review, 62, S. 169-184.

Kandzora, Gabriele (1996): Schule als vergesellschaftete Einrichtung: Heimlicher Lehrplan und politisches Lernen. In: Claußen, Bernhard / Geißler, Rainer (Hrsg.): Die Politisierung des Menschen. Instanzen der politischen Sozialisation. Ein Handbuch. Politische Psychologie, Bd. 2. Opladen: Leske und Budrich, S. 71-89.

Kevenhörster, Paul (2003): Politikwissenschaft. Bd. 1: Entscheidungen und Strukturen der Politik. Zweite überarbeitete Auflage. Opladen: Leske und Budrich.

Klein, Thomas (1991): Zur Bedeutung von Alters-, Perioden- und Generationseinflüssen für den Wandel politischer Werte in der Bundesrepublik. In: Zeitschrift für Soziologie, 20, 2, S. 138-146.

Kratzmeier, Heinrich (1966): Er raucht Zigarren. Volksschüler äußern sich über den Bundeskanzler. In: Pädagogische Welt. Monatszeitschrift für Erziehung / Bildung / Schule, 20, 11, S. 608-612.

Kuchenbuch, Katharina / Simon, Erk (2004): Medien im Alltag Sechs- bis 13-Jähriger: Trends, Zielgruppen und Tagesablauf. Ergebnisse der ARD/ZDF-Studie „Kinder und Medien 2003". In: Media Perspektiven, 9, S. 441-452.

Kuhn, Hans-Peter (2000): Mediennutzung und politische Sozialisation. Eine empirische Studie zum Zusammenhang zwischen Mediennutzung und politischer Identitätsbildung im Jugendalter. Forschung Erziehungswissenschaft, Bd. 94. Opladen: Leske und Budrich.

Lazarsfeld, Paul F. / Merton, Robert K. (1973): Massenkommunikation, Publikumsgeschmack und organisiertes Sozialverhalten. In: Aufermann, Jörg / Bohrmann, Hans / Sülzer, Rolf (Hrsg): Gesellschaftliche Kommunikation und Information. Forschungsrichtungen und Problemstellungen. Ein Arbeitsbuch zur Massenkommunikation, Bd. II. Frankfurt am Main: Fischer, S. 445-470.

Maier, Jürgen (2000): Politisches Interesse und politisches Wissen in Ost- und Westdeutschland. In: Falter, Jürgen / Gabriel, Oscar W. / Rattinger, Hans (Hrsg.): Wirklich ein Volk? Die politischen Orientierungen von Ost- und Westdeutschen im Vergleich. Opladen: Leske und Budrich, S. 141–171.

Mann, Leon (1991): Sozialpsychologie. Neunte, durchgesehene Auflage. München: Psychologie Verlags Union.

Müller, Erich H. (1971): Politisches Lernen im Kindesalter. In: Müller, Erich H. / Rehm, Willy / Nußbaum, Rolf: Politikunterricht und Gesellschaftskunde in der Schule. Erste Auflage. Ulm: Süddeutsche Verlagsgesellschaft, S. 13-54.

Neller, Katja (2002): Politisches Interesse. In: Greiffenhagen, Martin / Greiffenhagen, Sylvia (Hrsg.): Handwörterbuch zur politischen Kultur der Bundesrepublik Deutschland. Zweite, völlig überarbeitete und aktualisierte Auflage. Wiesbaden: Westdeutscher Verlag, S. 489-494.

Nyssen, Friedhelm (1973): Kinder und Politik. Überlegungen und empirische Ergebnisse zum Problem der politischen Sozialisation. In: Redaktion betrifft: Erziehung (Hrsg.): Politische Bildung – Politische Sozialisation. Weinheim / Basel: Beltz, S. 43-65.

Pöttker, Horst (1996): Politische Sozialisation durch Massenmedien: Aufklärung, Manipulation und ungewollte Einflüsse. In: Claußen, Bernhard / Geißler, Rainer (Hrsg.): Die Politisierung des Menschen. Instanzen der politischen Sozialisation. Ein Handbuch. Politische Psychologie, Bd. 2. Opladen: Leske und Budrich, S. 149-157.

Rehm, Willy (1971): Vorwort. In: Müller, Erich H. / Rehm, Willy / Nußbaum, Rolf: Politikunterricht und Gesellschaftskunde in der Schule. Erste Auflage. Ulm: Süddeutsche Verlagsgesellschaft, S. 8-10.

Renshon, Stanley A. (1975): Personality and Familiy Dynamics in the Political Socialization Process. In: American Journal of Political Science, 19, S. 63-80.

Röhner, Charlotte (1978): Das Fernsehen als Sozialisationsagentur. In: Bundeszentrale für politische Bildung (Hrsg.): Politisches und soziales Lernen im Grundschulalter. Vorträge und Materialien der von der Bundeszentrale für politische Bildung vom 14. bis 18. März 1977 in Heidelberg veranstalteten Fachtagung „Politische Sozialisation im Kindesalter". Schriftenreihe der Bundeszentrale für politische Bildung, Bd. 131. Bonn: Bundesdruckerei Bonn, S. 72-100.

Rubin, Alan M. (1978): Child and Adolescent Television Use and Political Socialization. In: Journalism Quarterly, 55, S. 125-129.

Sarcinelli, Ulrich (1990): Politikvermittlung im Blickfeld politischer Bildung – Ein Ansatz zur Analyse politischer Wirklichkeit. In: Sarcinelli, Ulrich u.a.: Politikvermittlung und Politische Bildung. Herausforderungen für die außerschulische politische Bildung. Bad Heilbrunn: Klinkhardt, S. 11-86.

Schäfers, Bernhard / Weiß, Wolfgang W. (1983): Politische Sozialisation und Gesellschaftsentwicklung. In: Schörken, Rolf (Hrsg.): Politische Integration der Jugend. Politische Bildung. Beiträge zu wissenschaftlichen Grundlegung und zur Unterrichtspraxis, 16, 2. Stuttgart: Klett, S. 3-19.

Schönbach, Klaus (1983): Das unterschätzte Medium. Politische Wirkungen von Presse und Fernsehen im Vergleich. Kommunikation und Politik, Bd. 16. München / New York / London / Paris: Saur.

Schorb, Bernd / Mohn, Erich / Theunert, Helga (1991): Sozialisation durch (Massen-)Medien. In: Hurrelmann, Klaus / Ulich, Dieter (Hrsg.): Neues Handbuch der Sozialisationsforschung. Vierte, völlig neu bearbeitete Auflage. Weinheim / Basel: Beltz, S. 493-508.

Schumacher, Gerlinde (2004): Fernsehsendungen mit Wissenswertem für Kinder. Ein Überblick über Angebot und Nutzung von Wissenssendungen für Kinder. In: TelevIZIon, 17, 1, S. 10-15.

Spieker, Dagmar (1982): Wie bedingen sich politische Sozialisation im Kindesalter und politisch-soziales Lernen im Elementar- und Primarbereich? In: Claußen, Bernhard / Wasmund, Klaus (Hrsg.): Handbuch der politischen Sozialisation. Braunschweig: Agentur Pedersen, S. 180-200.

Stahlberg, Dagmar / Frey, Dieter (1996): Einstellungen: Struktur, Messung und Funktion. In: Stroebe, Wolfgang / Hewstone, Miles / Stephenson, Geoffrey M. (Hrsg.): Sozialpsychologie. Eine Einführung. Dritte, erweitere und überarbeitete Auflage. Berlin u.a.: Springer, S. 219-252.

Stimpel, Hans-Martin (1970): Schüler, Lehrerstudenten und Politik. Ein internationaler Vergleich. Teil I. Göttingen: Vandenhoeck & Ruprecht.

Theunert, Helga / Lenssen, Margrit / Schorb, Bernd (1995): „Wir gucken besser fern als Ihr!". Fernsehen für Kinder. München: KoPäd.

Theunert, Helga / Schorb, Bernd (1995): „Mordsbilder": Kinder und Fernsehinformation. Eine Untersuchung zum Umgang von Kindern mit realen Gewaltdarstellungen in Nachrichten und Reality-TV im Auftrag der Hamburgischen Anstalt für neue Medien (HAM) und der Bayerischen Landeszentrale für neue Medien (BLM). Schriftenreihe der HAM, Bd. 13. Berlin: VISTAS.

Theunert, Helga / Eggert, Susanne (2001): Was wollen Kinder wissen? Angebot und Nachfrage auf dem Markt der Informationsprogramme. In: Schächter, Markus (Hrsg.): Reiche Kindheit aus zweiter Hand? Medienkinder zwischen Fernsehen und Internet. Medienpädagogische Tagung des ZDF 2000. München: KoPäd, S. 47-62.

Todt, Eberhard (1995): Entwicklung des Interesses. In: Hetzer, Hildegard / Todt, Eberhard / Seiffge-Krenke, Inge / Arbinger, Roland (Hrsg.): Angewandte Entwicklungspsychologie des Kindes- und Jugendalters. Dritte unveränderte Auflage. Uni-Taschenbücher, Bd. 935. Heidelberg / Wiesbaden: Quelle & Meyer, S. 213-264.

Triandis, Harry C. (1975): Einstellungen und Einstellungsänderungen. Weinheim / Basel: Beltz.

Übach, Gerd (1978): Einstellungspsychologische Aspekte historisch-politischen Unterrichts auf der Primarstufe. In: Bundeszentrale für politische Bildung (Hrsg.): Politisches und soziales Lernen im Grundschulalter. Vorträge und Materialien der von der Bundeszentrale für politische Bildung vom 14. bis 18. März 1977 in Heidelberg veranstalteten Fachtagung „Politische Sozialisation im Kindesalter". Schriftenreihe der Bundeszentrale für politische Bildung, Bd. 131. Bonn: Bundesdruckerei Bonn, S. 121-130.

Van Deth, Jan W. (1990): Interest in Politics. In: Jennings, M. Kent / van Deth, Jan W. / Barnes, Samuel H. / Fuchs, Dieter / Heunks, Felix J. / Inglehart, Ronald / Kaase, Max / Klingemann, Hans-Dieter / Thomassen, Jacques J.A. (Hrsg.): Continuities in Political Action. A Longitudinal Study of Political Orientations in Three Western Democracies. De Gruyter Studies on North America, Bd. 5. Berlin / New York: de Gruyter, S. 275-312.

Wasmund, Klaus (1976): Kinder und Wahlkampf. Eine empirische Untersuchung zur politischen Sozialisation bei Viertkläßlern. In: Claußen, Bernhard (Hrsg.): Materialien zur politischen Sozialisation. Zur sozialwissenschaftlichen Fundierung politischer Bildung. Uni-Taschenbücher, Bd. 550. München / Basel: Reinhardt, S. 29-56.

Wasmund, Klaus (1982a): Ist der politische Einfluß der Familie ein Mythos oder eine Realität? In: Claußen, Bernhard / Wasmund, Klaus (Hrsg.): Handbuch der politischen Sozialisation. Braunschweig: Agentur Pedersen, S. 23-63.

Wasmund, Klaus (1982b): Welchen Einfluß hat die Schule als Agent der politischen Sozialisation? In: Claußen, Bernhard / Wasmund, Klaus (Hrsg.): Handbuch der politischen Sozialisation. Braunschweig: Agentur Pedersen, S. 64-83.

Weissberg, Robert (1974): Political Learning, Political Choice, and Democratic Citizenship. Englewood Cliffs, New Jersey: Prentice-Hall.

Wingen, Max (1978): Sozialisationsbedingungen von Kindern in der Familie als politisches Problem. In: Bundeszentrale für politische Bildung (Hrsg.): Politisches und soziales Lernen im Grundschulalter. Vorträge und Materialien der von der Bundeszentrale für politische Bildung vom 14. bis 18. März 1977 in Heidelberg veranstalteten Fachtagung „Politische Sozialisation im Kindesalter". Schriftenreihe der Bundeszentrale für politische Bildung, Bd. 131. Bonn: Bundesdruckerei Bonn, S. 13-29.

Zängle, Michael (1978): Einführung in die politische Sozialisationsforschung. Erste Auflage. Uni-Taschenbücher, Bd. 772. Paderborn: Schöningh.

Ziegler, Ingrid (1988): Politische Bildung an der Grundschule. Empirische Ergebnisse der politischen Psychologie und didaktische Konsequenzen. Schriften zur politischen Didaktik, Bd. 15. Opladen: Leske und Budrich.

9. Anhang

9.1 Beschreibung der vorgestellten empirischen Studien

Connell (1971)

Forschungsfragen:	Politisches Denken von Kindern: Wie konstruieren Kinder Vorstellungen von der politischen Welt? Wie kommen Kinder dazu, politische Standpunkte einzunehmen?
Erhebungsmethode:	mündliche Befragung
Stichprobe:	119 Kinder, fünf bis 16 Jahre („feeder primary school" und „public high school")
Untersuchungsort:	Vororte von Sydney
Untersuchungszeitraum:	1968

Czajka (1965)

Forschungsfragen:	Wie erleben Kinder im Grundschulalter politische Vorgänge und Geschehnisse? In welchem Maß nehmen sie Anteil am politischen Tagesgeschehen und was bleibt davon bei ihnen haften?
Erhebungsmethode:	Beobachtungen im Schulalltag; Aufsätze von Kindern
Stichprobe:	Kinder zweier Schulklassen, dritte bis vierte Klasse (Grundschule)
Untersuchungsort:	Deutschland, keine weitere Angabe
Untersuchungszeitraum:	keine Angabe

Easton / Hess (1962)

Forschungsfragen:	Welche Wahrnehmungen und Einstellungen haben Kinder bezüglich Politik?
Erhebungsmethode:	keine Angabe
Stichprobe:	Schüler der zweiten bis achten Klasse
Untersuchungsort:	USA, keine weitere Angabe
Untersuchungszeitraum:	1958-1962

Easton / Dennis (1965)

Forschungsfragen:	Wann und in welcher Form beginnen Kinder, Wissen und Einstellungen bezüglich der Regierung zu erwerben? Wie entsteht im Prozess der politischen Sozialisation „support" für die Regierung der USA?
Erhebungsmethode:	mündliche und schriftliche Befragung
Stichprobe:	ca. 12.000 Kinder, zweite bis achte Klasse („elementary school")
Untersuchungsort:	Boston, Portland, Chicago, Sioux City, Atlanta, Jackson, San Francisco, Tacoma
Untersuchungszeitraum:	1961 – 1962

Easton / Dennis (1969)

Forschungsfragen:	Wann und in welcher Form beginnt politisches Lernen? Welche Wahrnehmungen und Gefühle entwickeln Kinder gegenüber politischen Objekten? Welche Konsequenzen hat das für das politische System? Wann und wie entsteht in der politischen Sozialisation von Kindern „support" für das politische System?
Erhebungsmethode:	schriftliche Befragung
Stichprobe:	ca. 12.000 Kinder, zweite bis achte Klasse („elementary school")
Untersuchungsort:	Boston, Portland, Chicago, Sioux City, Atlanta, Jackson, San Francisco, Tacoma
Untersuchungszeitraum:	1961 – 1962

Egan (1978)

Forschungsfragen:	Nachrichtennutzung von Kindern
Erhebungsmethode:	schriftliche Befragung
Stichprobe:	438 Kinder, zweite bis sechste Klasse („elementary school")
Untersuchungsort:	San Jose / Kalifornien
Untersuchungszeitraum:	1976

Greenstein (1960)

Forschungsfragen:	Welche Orientierungen haben Kinder gegenüber politischen „Führern", wie werden diese erworben und welche Konsequenzen könnten sie für die politische Persönlichkeit des Erwachsenen haben?
Erhebungsmethode:	schriftliche Befragung; ergänzend: 20 locker strukturierte, mündliche Befragungen
Stichprobe:	659 Kinder, vierte bis achte Klasse („elementary school")
Untersuchungsort:	New Haven / Connecticut
Untersuchungszeitraum:	schriftliche Befragungen: Januar – März 1958; mündliche Befragungen: Sommer 1957 sowie während und nach den schriftlichen Befragungen

Greenstein (1965)

Forschungsfragen:	Wie entwickeln sich die politischen Orientierungen von Kindern in der Altersspanne zwischen neun und 13 Jahren? Welche Bedeutung hat die politische Entwicklung während dieser Periode für die spätere politische Persönlichkeit des Einzelnen und für das politische System?
Erhebungsmethode:	schriftliche Befragung; ergänzend: 20 locker strukturierte, mündliche Befragungen
Stichprobe:	659 Kinder, vierte bis achte Klasse („elementary school")
Untersuchungsort:	New Haven / Connecticut
Untersuchungszeitraum:	schriftliche Befragungen: Januar – März 1958; mündliche Befragungen: Sommer 1957 sowie während und nach den schriftlichen Befragungen

Greenstein / Tarrow (1970)

Forschungsfragen: Welche Orientierungen haben Kinder gegenüber dem amerikanischen Präsidenten? Eignen sich semi-projektive Verfahren zur Untersuchung des politischen Weltbildes von Kindern?

Erhebungsmethode: mündliche Befragung mit semi-projektivem Verfahren: Vervollständigen von Geschichten

Stichprobe: 263 Kinder, zehn bis 14 Jahre

Untersuchungsort: London und „East Anglia" (England), Umgebung von Paris und Provence (Frankreich), Connecticut, Pennsylvania und New York (USA)

Untersuchungszeitraum: 1969 – 70

Greenstein (1975)

Forschungsfragen: Welche Orientierungen haben Kinder gegenüber politischen „Führern" im internationalen Vergleich?

Erhebungsmethode: mündliche Befragung mit semi-projektivem Verfahren: Vervollständigen von Geschichten

Stichprobe: 297 Kinder, zehn bis 14 Jahre

Untersuchungsort: London und „East Anglia" (England), Umgebung von Paris und Provence (Frankreich), Connecticut, Pennsylvania und New York (USA)

Untersuchungszeitraum: 1969 – 70 und 1973

Hess / Easton (1960)

Forschungsfragen: Welche Vorstellungen und Einstellungen haben Kinder gegenüber dem amerikanischen Präsidenten, wie werden diese erworben und wie entwickeln sie sich während der Kindheit?

Erhebungsmethode: schriftliche Befragung

Stichprobe: 366 Kinder, zweite bis achte Klasse („elementary school")

Untersuchungsort: Vororte von Chicago

Untersuchungszeitraum: keine Angabe

Hess (1963)

Forschungsfragen: Welche Orientierungen haben Kinder gegenüber politischen „Führern" im internationalen Vergleich?

Erhebungsmethode: schriftliche und mündliche Befragung

Stichprobe: Schüler der zweiten bis achten Klasse („elementary school") und Schüler der „high school"

Untersuchungsort: USA; ergänzend: Daten anderer Studien aus Chile, Puerto Rico, Australien und Japan)

Untersuchungszeitraum: 1958

Hess / Torney (1967)

Forschungsfragen: Wie werden Kinder ins politische System der USA sozialisiert? Welche politischen Überzeugungen haben Kinder, wie werden diese erworben und wie entwickeln sie sich während der Kindheit?

Erhebungsmethode: schriftliche Befragung

Stichprobe: ca. 12.000 Kinder, zweite bis achte Klasse („elementary school")

Untersuchungsort: Boston, Portland, Chicago, Sioux City, Atlanta, Jackson, San Francisco, Tacoma

Untersuchungszeitraum: 1961 – 1962

Jaros / Hirsch / Fleron (1968)

Forschungsfragen: Ist die kindliche Idealisierung politischer Autorität kulturabhängig? Welche Sicht haben Kinder einer Subkultur (ländlich, isoliert, arm) von politischer Autorität?

Erhebungsmethode: schriftliche Befragung; ergänzend: Einbezug einer „Evaluation of a Community Action Program of the Office of Economic Opportunity"

Stichprobe: 2.432 Kinder, fünfte bis zwölfte Klasse („public schools")

Untersuchungsort: Knox County / Kentucky

Untersuchungszeitraum: März 1967

Kratzmeier (1966)

Forschungsfragen: Welche Vorstellungen haben Kinder vom deutschen Bundeskanzler?

Erhebungsmethode: Befragung und Aufsatzvergleich

Stichprobe: 304 Kinder, vierte bis achte Klasse (Grundschule und Volksschule)

Untersuchungsort: Reutlingen, Tübingen

Untersuchungszeitraum: 1964

Müller (1971)

Forschungsfragen: Explorative Informationen über politisches Wissen, Interesse und politische Einstellungen von Grundschulkindern

Erhebungsmethode: schriftliche Befragung zu drei verschiedenen Zeitpunkten; ergänzend: mündliche Befragung von sieben Schülern aus den befragten Klassen

Stichprobe: 166 bzw. 167 Kinder, vierte Klasse (Grundschule)

Untersuchungsort: eine größere Gemeinde mit rund 6.000 Einwohnern in Stadtnähe, eine oberschwäbische Stadt mit rund 19.000 Einwohnern, eine oberschwäbische Kreisstadt mit rund 30.000 Einwohnern

Untersuchungszeitraum: September 1969 – Juni 1970

Theunert / Schorb (1995)

Forschungsfragen: Wie nehmen Kinder die Darstellung realer Gewalt in der Fernsehinformation wahr und wie gehen sie damit um?

Erhebungsmethode: Gruppenerhebungen (Gesprächsrunde und Gruppenspiele) und schriftliche Befragung der Eltern; ergänzend: Einzelbefragung von zwölf Kindern aus der Stichprobe und deren Eltern

Stichprobe: 101 Kinder, acht bis 13 Jahre

Untersuchungsort: München, Hamburg

Untersuchungszeitraum: November 1993

Wasmund (1976)

Forschungsfragen:	Wie ist die politische Welt von Kindern im Grundschulalter inhaltlich beschaffen?
Erhebungsmethode:	freie bildliche Gestaltung (Kinderzeichnungen)
Stichprobe:	162 Kinder, vierte Klasse (Grundschule)
Untersuchungsort:	zwei kleinere Orte im südöstlichen Niedersachsen
Untersuchungszeitraum:	Oktober 1972 (kurz vor der Bundestagswahl)

9.2 Leitfaden und Interviews der Vorbefragung

9.2.1 Leitfaden für die Vorbefragung

(Geschlecht, Alter, Wohnort)

1) Was siehst Du Dir gerne im Fernsehen an?
2) Siehst Du manchmal Nachrichten bzw. Kindernachrichten im Fernsehen an?
3) Fällt Dir irgendein Thema ein, das mit Politik zu tun hat, und über das Du einmal etwas gehört hast (z.B. im Fernsehen, im Radio oder in der Zeitung)?
4) Interessierst Du Dich für Politik?
5) Kannst Du sagen, warum bzw. warum nicht?
6) Interessierst Du Dich für Musik / Sport / Umweltschutz / Ausländerfeindlichkeit / Politik / Lokalpolitik (was in Deinem Ort passiert) / Technik / Krieg?
7) Reden Deine Eltern zu Hause über Politik?
   Falls ja:
   Sprechen sie auch mit Dir darüber oder nur untereinander?
8) Habt Ihr in der Schule schon einmal über Politik geredet oder etwas über Politik gelernt?
9) Würdest Du es gut finden, im Unterricht mehr über Politik zu erfahren?
10) Was bedeutet Politik eigentlich für Dich? An was denkst Du, wenn Du das Wort „Politik" hörst? Was stellst Du Dir dann vor?
11) Kennst Du einen oder mehrere Politiker?
   Falls ja:
   Woher kennst Du den bzw. die Politiker?
   Wie findest Du den Politiker bzw. die Politiker?
   Weißt Du, zu welcher Partei der Politiker gehört bzw. die Politiker gehören?

Weißt Du, welche Aufgaben bzw. welche Arbeit die Politiker haben? Was machen sie?

12) Kennst Du die Person auf dem Bild? (Politiker-Portrait vorlegen)

Falls ja:

Kennst Du auch das Amt von diesem Politiker bzw. dieser Politikerin?

13) Was glaubst Du, wer der wichtigste Politiker ist?

14) Weißt Du, wie man Politiker wird?

15) Kennst Du eine oder mehrere Parteien?

Falls mehrere genannt werden:

Weißt Du, welche Unterschiede es zwischen den Parteien gibt?

16) Findest Du eine Partei besonders gut? Welche Partei würdest Du wählen?

17) Weißt du, was der Bundestag ist? Für was ist der Bundestag gut?

18) Weißt Du, was der Begriff „Demokratie" bedeutet?

9.2.2 Interviews der Vorbefragung

(durchgeführt am 28. Juli 2004 in einer Grundschule)

I: Interviewer

S: Schüler / Schülerin

Interview 1: Sarah[343], 9 Jahre

I: Mich würde zum Beispiel interessieren, was Du Dir gerne im Fernsehen anschaust. Was sind so Deine Lieblingssendungen?

S: Mmh, meine Lieblingssendung ist [überlegt] „Gilmore Girls" und „Typisch Andy!".

I: Ah ja, „Typisch Andy", das kenne ich sogar auch! Okay, und guckst Du manchmal vielleicht Nachrichten an? Also mit Deinen Eltern zum Beispiel?

S: Ja, jeden Morgen.

---

[343] Sämtliche Namen von Schülern und Schülerinnen sowie von Lehrern und Lehrerinnen wurden geändert, um die Anonymität zu wahren.

I: Jeden Morgen? Im Fernsehen, oder?

S: Ja.

I: Kennst Du auch Kindernachrichtensendungen?

S: Ja, bei KI.KA, aber die schaue ich nicht an.

I: Zum Beispiel „logo!" oder so was?

S: Ja, kenne ich, aber schaue ich nicht an.

I: Und Du schaust jeden Tag Nachrichten an? So mit Deinen Eltern oder weil es Dich selber interessiert?

S: Mein Papa, der steht in der Früh immer auf, also so um 6 Uhr, und dann gehe ich halt runter und schau mit ihm Nachrichten an.

I: Mhm. Und interessiert Dich das auch?

S: Ja, da kommen manchmal schon interessante Sachen.

I: Okay. Verstehst Du da auch alles? Oder... Weil das ist ja schon manchmal ein bisschen schwierig...

S: Manchmal ist es schwierig, aber man versteht schon viele Sachen.

I: Mhm, nicht schlecht! Fällt Dir da jetzt vielleicht irgendein Thema ein, das mit Politik zu tun hat? Eben aus dem Fernsehen oder worüber Deine Eltern geredet haben oder aus dem Radio... Fällt Dir da irgendein Thema ein?

S: Nicht so eigentlich.

I: Nicht so direkt. Okay. Und würdest Du allgemein sagen, Du interessierst Dich für Politik? Oder nicht so? Oder ein bisschen?

S: Vielleicht wenn ich groß bin, aber jetzt noch nicht so richtig.

I: Das ist mehr was für Erwachsene, oder?

S: Ja.

I: Ja? Okay. Und, ähm, da habe ich noch ein paar andere Themen aufgeschrieben, da würde ich auch gerne wissen, ob die Dich interessieren. Zum Beispiel Musik, interessiert Dich das?

S: Ja.

I: Ja? Und Sport?

S: Ja. Ich mache beides.

I: Du machst beides? Machst Du selber auch Musik, oder?

S: Ja, ich habe ein Keyboard und gehe in den Keyboard-Unterricht. Und heute habe ich dann Tennis-Unterricht.

I: Ah ja. Und interessiert Dich zum Beispiel Umweltschutz?

S: Ja, also ich mag nicht, dass es verschmutzt ist, das Wasser oder so, dass auf dem Boden Dreck liegt. Das mag ich nicht so gern.

I: Ja, da hast Du auch Recht. Da kann man sich aber ja auch selber ein bisschen drum kümmern.

S: Ja.

I: Interessiert Dich zum Beispiel Lokalpolitik? Also politische Sachen, die in Deinem Wohnort passieren?

S: Ja manchmal. Da gibt's immer Bürgergespräche und so was. Aber da darf ich noch nicht mit.

I: Mhm, ja.

S: Aber es ist schon interessant. Was ich da dann immer höre.

I: Und um was geht's da so zum Beispiel?

S: Ja, wie jetzt mit dem Flughafen in Lagerlechfeld.

I: Mhm, genau.

S: Da sind die auch zu uns gekommen und haben gefragt, ob wir das wollen. Und dann hat die uns halt auch erklärt, warum das so ist und alles.

I: Mhm. Ist Dein Papa im Gemeinderat oder so?

S: Nein.

I: Und wie ist das bei Euch daheim so? Reden Deine Eltern über Politik oder ist das eher nicht so?

S: Selten.

I: Und dann auch mit Dir? Oder nur Mama und Papa zusammen?

S: Nur Mama und Papa.

I: Und wie ist das hier in der Schule? Habt Ihr da schon einmal über Politik geredet oder was gelernt?

S: Eigentlich nicht.

I: Würdest Du das gut finden? Wenn man dazu ein bisschen mehr im Unterricht besprechen würde?

S: Wär' nicht schlecht. Dann wird man klüger.

I: Dann wird man klüger, ja das stimmt – aber das wird man ja sowieso in der Schule. Und – die Frage klingt jetzt vielleicht ein bisschen blöd – aber was ist eigentlich für Dich Politik? Also wenn Du jetzt das Wort „Politik" hörst, was fällt Dir da ein? Oder an was denkst Du da?

S: An ... an die ... an die Bundeskanzler, die also dann immer besprechen, das kommt immer dann im Fernsehen, dass die dann besprechen und so was, mit dem John Kerry kommt das oft jetzt im Fernsehen. Das sehe ich immer. Ja, und dass halt die über Geld reden und über Börsen und alles.

I: Okay. Und was für Politiker fallen Dir denn ein? Also kennst Du da irgendjemand?

S: Ja, ich kenn den – also kennen nicht, aber ich hör's halt – den Stoiber, den Schröder, den Eichner, [überlegt] den John Kerry, den Bush. Und sonst weiß ich keine mehr.

I: Mhm, und weißt Du auch zufällig, was die für ein Amt haben? Wer ist denn zum Beispiel der Schröder? Was...

S: Der gehört, glaube ich, zu der SPD.

I: Ja, genau, und der ist ..., wie sagt man da, welchen Beruf hat der, oder wie nennt man ihn?

S: Bundeskanzler!

I: Genau, stimmt. Und weißt Du vom Stoiber auch, in welcher Partei der ist?

S: Ich glaube, der ist in der CSU.

I: Mhm. Und der Bush, wer ist das?

S: Mmh, der kommt, der ist in Amerika.

I: Mhm, genau. Und dann, der Kerry? Von dem Du erzählt hast.

S: Der John Kerry. Das ist, ähm, auch ein Bundeskanzler, und der ist auch in der USA.

I: Okay, also Du kennst ja schon ziemlich viele, finde ich. Und woher kennst Du die? Also aus dem Fernsehen jetzt oder auch von woanders her?

S: Vom Fernsehen und manchmal besprechen auch die Erwachsenen was darüber und so was.

I: Mhm, also da bekommt man schon ein bisschen was mit, wenn die dann...

S: Ja.

I: Ähm, ich habe hier noch ein paar Bilder dabei. Kennst Du den hier, weißt Du, wer das ist? [Bild „Gerhard Schröder" wird vorgelegt]

S: Gerhard Schröder.

I: Schröder, genau. Das habe ich mir jetzt fast schon gedacht, dass Du das weißt. Und der da hier? [Bild „Edmund Stoiber" wird vorgelegt]

S: Das ist der Stoiber.

I: Mhm. Wen haben wir denn noch? Die Frau hier unten, kennst Du die vielleicht? [Bild „Angela Merkel" wird vorgelegt]

S: Die Angelika Merkel.

I: Mhm. Du kennst ja echt ziemlich viele. Kennst Du den hier auch? [Bild „Joschka Fischer" wird vorgelegt]

S: Das ist der Eichner, glaube ich.

I: Nee?

S: Weiß ich auch nicht irgendwie. Ich weiß nicht, wie der heißt.

I: Okay, das ist der Joschka Fischer.

S: Aha.

I: Und der da hier? [Bild „Guido Westerwelle" wird vorgelegt]

S: Weiß ich auch nicht.

I: Den hier vielleicht? [Bild „Horst Köhler" wird vorgelegt]

S: [überlegt] ...

I: Schon mal gesehen?

S: Eigentlich nicht so oft.

I: Okay, der ist auch nicht so bekannt... Das ist der Bundespräsident Köhler. Und den da, den hast Du vorhin ja auch schon mal genannt. [Bild „George W. Bush" wird vorgelegt]

S: Das ist der Bush und das ist der Schröder.

I: Mhm. Ja, super. Dann, äh, was würdest Du denn sagen, wer Deiner Meinung nach der wichtigste Politiker ist?

S: Der beste für mich ist ... [überlegt] ... der Stoiber und der John Kerry. Die mag ich am meisten, also die sind halt, die mag ich.

I: Und warum? Warum magst Du die so?

S: Weil..., weil sie einfach was Gescheites reden und nicht..., und keinen Quatsch daherreden.

I: Ah ja. Sagen Deine Eltern das auch?

S: Ja, manchmal.

I: Und Du selber findest das auch. Also bei den anderen Politikern merkt man manchmal, dass sie Blödsinn reden?

S: Ja.

I: Okay, und hast Du eine Ahnung, wie man eigentlich Politiker wird? Wie kommt man dazu?

S: Also man muss auf jeden Fall, glaube ich, auf's Gymnasium. Dann muss man Abitur machen. Und weiter weiß ich nicht.

I: Mhm, okay. Und Du hast ja vorhin schon, also ich habe schon gemerkt, dass Du ein paar Parteien kennst. Welche fallen Dir da ein? Welche Parteien?

S: Ich kenne viele. Die CSU, C ... CDU, dann SPD, Grünen, ähm, FDP... [überlegt] ... die Roten glaube ich heißen..., nein, das ist SPD...

I: Ja, genau, die Roten sind die SPD.

S: Und sonst weiß ich keine mehr.

I: Das waren ja auch schon fast alle, zumindest die großen. Und Du kennst ja ziemlich viele Namen, finde ich, aber weißt Du auch, was die einzelnen Parteien vertreten oder was zum Beispiel Unterschiede zwischen den Parteien sind?

S: Ja, dass halt der Schröder, der Bundeskanzler bei uns ist, und der Stoiber halt nicht als Bundes-, das ist so eine Art Bundeskanzler, aber ist kein Bundeskanzler.

I: Mhm. Okay. Und von den Parteien jetzt, findest Du da eine vielleicht besonders gut? Kannst Du das schon sagen, dass Dir eine davon besonders gut gefällt?

S: Mmh, Stoiber, weil er von der CDU, oder CSU kommt. Weiß ich nicht mehr.

I: Und wählen das Deine Eltern auch?

S: Ja.

I: Ja, weißt Du das?

S: Ja.

I: Okay. Dann habe ich eigentlich nur noch zwei Fragen zum Schluss. Und zwar: Weißt Du, was der Bundestag ist? Also was der macht oder was das überhaupt ist? Kannst Du Dir da etwas darunter vorstellen?

S: Dass man da vielleicht wählen tut, glaube ich. Beim Rathaus.

I: Mhm.

S: Und das ist alle vier Jahre.

I: Mhm, alle vier Jahre sind Wahlen. Und weißt Du, was Demokratie bedeutet, hast Du den Begriff schon einmal gehört?

S: Mm (=nein).

I: Okay. Das ist auch ziemlich schwierig. Aber das lernt Ihr bestimmt noch. Gut, das war's dann eigentlich. Vielen Dank, dass Du mitgemacht hast. Das hat mir sehr weitergeholfen!

Interview 2: Anne, 10 Jahre

I: Gut, also ich würde zum Beispiel gerne wissen, was Du Dir gerne im Fernsehen anschaust, also was sind denn Sendungen, die Du gut findest?

S: Nachrichten, da kommt im KI.KA immer „logo!". Da kommt auch immer öfters was. Was noch? [überlegt] Was schaue ich denn noch gern an? So oft schaue ich gar nicht Fernsehen. Paar Videos. So „Das fliegende Klassenzimmer" oder so was. Ja, mehr eigentlich nicht.

I: Und bei „logo!", was kommt da so alles? Oder welche Sachen interessieren Dich da, welche Themenbereiche?

S: Mmh, das Wetter. Wie's immer wird.

I: Mhm, vor allem zur Zeit, ob man baden gehen kann...

S: Ja, oder nicht. Ähm. Und was halt so auf der Welt passiert, wie im Irak, da passieren ja öfters immer so Bombenanschläge und so. Ja, das. Fast alles eigentlich. Manche Sachen sind nicht so gut, aber viele gut.

I: Gut. Fällt Dir jetzt auch irgendein bestimmtes Thema ein, das mit Politik zu tun hat, und über das Du in letzter Zeit was gesehen hast oder im Radio gehört hast oder irgendwo was mitbekommen hast?

S: Mmh... [überlegt] In letzter Zeit – glaube nicht.

I: Mhm.

S: Mm (=nein).

I: Okay, wenn nicht, macht's ja auch nichts. Und würdest Du sagen, Du interessierst Dich für Politik?

S: Ähm.

I: Oder ein bisschen? Oder eher nicht so? Oder überhaupt nicht?

S: Bisschen vielleicht.

I: Mhm. Und, äh, da habe ich noch ein paar Themen aufgeschrieben. Interessierst Du Dich zum Beispiel für Musik?

S: Ja, ich spiele selber auch ein Instrument, also, mhm (=ja).

I: Was denn?

S: Klarinette.

I: Aha, schön! Sport, interessiert Dich Sport?

S: Mhm (=ja).

I: Dann noch Umweltschutz, findest Du das interessant?

S: Ja.

I: Ausländer, Ausländerproblematik?

S: [überlegt] Ja, schon.

I: Dann auch zum Beispiel Lokalpolitik, also was in Deinem Ort passiert?

S: Bei uns soll ein Flughafen, nicht mehr Militär oder Militär, und das andere, wie heißt das von den Soldaten? Ich weiß jetzt nicht, wie das heißt. Militär. Und für die Personen weiß ich nicht. Aber für die Personen, also die halt so nach Mallorca oder so fliegen, für die soll da ein Flughafen gebaut werden. Und wir wohnen da ganz in der Nähe, im Neubaugebiet, und wenn da lauter Flugzeuge vorbei fliegen, dann kann man da eigentlich gar nicht mehr richtig schlafen.

I: Ja, das kann sein. Okay, also so was interessiert Dich schon, oder?

S: Ja, ja. Dass man da nicht mehr schlafen kann und so. Weil Du dann doch lieber in der Nacht Deine Ruhe haben willst.

I: Klar, das ist am Tag dann wahrscheinlich genauso.

S: Ja. Wenn Du in der Schule dann einschläfst, das ist ja auch nicht gerade so gut.

I: Okay, und wie ist denn das bei Euch daheim: Reden Deine Eltern manchmal über Politik?

S: Ja, schon.

I: Schon?

S: Ja.

I: Auch mit Dir? Oder nur unter sich?

S: Naja, unter sich. Manchmal rede ich halt mit.

I: Mhm. Und wie ist das hier in der Schule, habt Ihr da schon einmal über Politik geredet oder irgendwas darüber gelernt?

S: [überlegt] Wenn's mir einfällt? Nö, ich glaube nicht so richtig.

I: Würdest Du das gut finden, wenn man da ein bisschen mehr darüber hören würde im Unterricht?

S: Ja, wir haben schon mal, glaube ich, irgendwas hat die Frau Schreiber [Lehrerin] schon mal was gesagt. Ja, täte schon.

I: Das würde Dich schon interessieren?

S: Ja.

I: Okay. Dann, die nächste Frage klingt jetzt vielleicht ein bisschen komisch. Aber was ist für Dich eigentlich Politik? Wenn Du jetzt „Politik" hörst, was fällt Dir dann ein oder an was denkst Du dann?

S: [überlegt] Die regieren halt das Land und so.

I: Mhm.

S: Dass die über fast alles bestimmen können, was es hier so gibt.

I: Mhm. Okay. Und kennst Du ein paar von denen – ein paar Politiker?

S: Ja, den Stoiber. Fischer. Angela Merkel heißt die glaube ich. Der Dings, wie heißt er, der Bundeskanzler Schröder. Wen gibt's noch? [überlegt]

I: Oder vielleicht noch jemand, das sind ja jetzt lauter Deutsche – Dir fallen sowieso schon ziemlich viele ein, finde ich. Kennst Du jemand aus anderen Ländern, also aus der ganzen Welt, fällt Dir da ein Politiker ein?

S: Der George Bush, den gibt's noch. Sonst glaube ich nicht.

I: Mhm.

S: Oder habe ich noch nie von jemandem gehört. Bis jetzt. Bloß der kommt immer in den Nachrichten auch, und England, weil die ja Krieg geführt haben gegen die einen. Im Irak.

I: Mhm.

S: Und der Hussein war, glaube ich, schon mal da drüben, im Irak.

I: Aha. Und vom Schröder, da hast Du ja gesagt, das ist der Bundeskanzler. Weißt Du auch, was die anderen Politiker sind? Also zum Beispiel Joschka Fischer, was hat der für ein Amt? Was meinst Du?

S: Mmh, irgendwie, glaube nicht, keine Ahnung. Das, ich kenne sie zwar, aber ich habe es mir noch nie so richtig gemerkt. Das steht zwar immer dran, aber ...

I: Ja klar.

S: ... ich lese immer nur die Namen.

I: Und weißt Du, zu welchen Parteien die Politiker gehören? Also weißt Du zum Beispiel, welcher Partei der Schröder angehört?

S: SPD.

I: Mhm. Und der Stoiber zum Beispiel?

S: CSU, glaube ich.

I: Ja, gut. Und der Fischer, weißt Du das auch?

S: Oh. FDP?

I: Mmh, nee.

S: Aber irgendwas mit ... Grünen?

I: Ja, genau, die Grünen. Du weißt ja schon mehr als manche Erwachsenen!

S: Ja, wenn ich immer, wenn ich das immer anschaue, dann kommt das immer. Und die Bundeswahl, da geht die Mama auch immer hin, und da weiß ich es dann halt her.

I: Weißt Du denn, was Deine Eltern für eine Partei wählen?

S: Mm (=nein), das haben sie mir noch nie verraten.

I: Echt?

S: Nein!

I: Hast Du schon mal gefragt, oder?

S: Ja, schon. Aber das ist ein Geheimnis. Weil ich so gerne tratsche, und dann rede ich immer alles herum, und deswegen.

I: Ja, okay. Und was fallen Dir denn alles für Parteien ein? Welche kennst Du da?

S: FDP gibt's da glaube ich. CSU, CDU, SPD, Grünen. Und Gelbe gibt's auch, oder?

I: Ja, das ist die FDP.

S: Ja, die FDP... Wen gibt's noch? [überlegt]

I: Ja, gut, das sind ja schon mal genügend! Findest Du, ist Dir vielleicht eine Partei besonders sympathisch, die Du jetzt vielleicht wählen würdest, wenn Du 18 wärst? Oder kannst Du das jetzt noch nicht sagen?

S: Kann ich jetzt nicht sagen, weil so viel weiß ich jetzt auch noch nicht über die.

I: Gut. Dann habe ich nur noch zwei Fragen zum Abschluss. Die sind ein bisschen schwieriger.

S: Mhm.

I: Hast Du schon mal was vom Bundestag gehört?

S: Ja.

I: Was ist das? Was stellst Du Dir darunter vor?

S: Ja, da besprechen die, glaube ich, irgendwelche Themen, das was einer sagt. Und dann stimmen die ab, ob man das macht oder nicht, glaube ich.

I: Mhm.

S: Und da hocken die in so, wie in der Universität in solchen hohen Dingern.

I: Ja genau. Kennst Du das vom Fernsehen, oder?

S: Ja, ja. Da sieht man das dann immer, wie die da in so Dingern, in so Reihen rumhocken, und einer an so einem kleinen Pult vorne.

I: Genau, stimmt. Okay, und weißt Du, was Demokratie bedeutet? Hast Du das schon mal gehört?

S: Ja. Das haben wir bei uns in der Klasse. Wir haben schon Klassensprecher gewählt, und da hat Frau Schreiber [Lehrerin] auch gesagt, wir wählen demokratisch oder wie das heißt. Ja, dass man halt nicht beschummelt und so, und dass man halt nicht zwei ankreuzt.

I: Mhm. [wartet] Ja, super. Wolltest Du gerade noch was sagen?

S: Mmh, nein.

I: Ja gut, dann war's das jetzt. Vielen Dank, dass Du so schön mitgemacht hast!

Interview 3: Sebastian, 10 Jahre

I: Was mich als erstes interessieren würde: Was guckst Du denn so im Fernsehen gerne an?

S: Äh, Zeichentrickfilme.

I: Zum Beispiel?

S: Ähm, „Sendung mit der Maus" zum Beispiel. Ähm, ja, zum Beispiel. „Sendung mit der Maus" ist zwar eine Wissenssendung, aber ist auch teils Zeichentrick.

I: Ja, genau, ist ja immer abwechselnd. Gab es in meiner Kindheit auch schon. Und guckst Du Dir manchmal Nachrichten an? Vielleicht mit den Eltern, dass Du dabei sitzt oder so?

S: Manchmal.

I: Manchmal? Also es kommt schon vor?

S: Mhm (=ja).

I: Kennst Du auch Kindernachrichten? Zum Beispiel „logo!" oder so was? Wo halt Nachrichten speziell für Kinder gemacht sind.

S: Bei Konfetti TV kommen oft welche.

I: Mhm. Und die guckst Du manchmal an...

S: Ja.

I: ... oder nicht so oft?

S: Manchmal.

I: Manchmal. Okay. Und fällt Dir vielleicht irgendein Thema ein, das was mit Politik zu tun hat? Wo Du mal im Radio oder im Fernsehen oder irgendwo was darüber gehört hast? In letzter Zeit?

S: [überlegt] In letzter Zeit, was habe ich denn da gehört, ähm.

I: Oder von Deinen Eltern oder irgendwelchen anderen?

S: Vor ein paar Jahren, am 11. Dezember mit dem World Trade Center. War auch Politik mit dabei.

I: Genau. Auf jeden Fall. Und wo hast Du das mitgekriegt? Also im Fernsehen oder weil alle darüber geredet haben...

S: Also eigentlich erst mal im Fernsehen. Meine Mutter hat auch gedacht „Hm, was für ein schlechter Film ist das jetzt?". Dann waren es Nachrichten.

I: Mhm, das lief auch immer den ganzen Tag im Fernsehen. Und würdest Du sagen, dass Du Dich für Politik interessierst?

S: Eigentlich nicht so.

I: Eigentlich nicht so. Okay. Kannst Du vielleicht erklären – also das ist jetzt ein bisschen schwierig – aber warum? Warum interessiert Dich das nicht so?

S: [überlegt] Kann ich nicht erklären.

I: Keine Ahnung, hm? Ist langweilig, oder?

S: [zögert] Mhm (=ja).

I: Oder mehr so für Erwachsene... Okay. Und ja, was gibt es denn für Themen, die Dich interessieren?

S: Ähm, Kinderrechte. Zum Beispiel.

I: Mhm. [wartet] Oder so allgemein: Musik, Sport, oder was weiß ich?

S: Mhm (=ja). Musik, bin bei den Augsburger Domsingknaben.

I: Ah ja, schön, ich bin auch im Chor.

S: Ah, echt?

I: Ich singe auch gerne. Oder zum Beispiel solche Themen wie Umweltschutz, interessiert Dich so was?

S: Äh, ja, auch.

I: Oder Ausländer? Ausländerproblematik?

S: Mmh... [überlegt] eigentlich nicht so, aber auch ein bisschen, ja, mhm.

I: Äh, interessiert Dich zum Beispiel Lokalpolitik, also was so im Ort passiert?

S: Mmh...

I: ... an politischen Sachen?

S: Manchmal und manchmal nicht.

I: Mhm.

S: Also wie ich halt am Tag drauf bin.

I: Mhm. Und würde Dir da was einfallen, was Dich interessieren würde? Wo Du gerne mehr darüber wissen würdest?

S: Ähm... [überlegt]

I: Oder nichts spezielles?

S: Spezielles eigentlich nicht, nö.

I: Und dann, weil Du schon gesagt hast, mit dem 11. September. Das ist zwar nicht richtig Krieg, aber interessiert Dich Krieg? Also wenn man da irgendetwas darüber hört, findest Du das interessant?

S: Puh, also bei Krieg schalte ich dann meistens ab, wenn ich überhaupt höre. Weil ich das eigentlich nicht so gut finde. Genauso wie, ähm, wie heißen die? Mist, jetzt fällt es mir nicht ein [überlegt], mmh, diese Typen, die sich selber hochsprengen...

I: Die Terroristen?

S: Mhm (=ja). Die sind nicht so gut.

I: Ja, stimmt, da hast Du Recht! Und wie ist das denn bei Euch daheim: Reden Deine Eltern öfters über Politik oder...

S: Hm...

I: ... eigentlich nicht so?

S: Nö, eigentlich nicht.

I: Und wie ist das in der Schule, habt Ihr da schon mal über solche Themen geredet?

S: Ähm, so weit ich mich erinnern kann, nö.

I: Nee?

S: Mm (=nein).

I: Sollte man das? Also würdest Du das gut finden, wenn man da mal mehr drüber hören würde oder drüber reden würde?

S: Vielleicht auf der Fortgeschrittenen-Schule. Also Haupt-, Real- oder Gymnasium.

I: Also *nach* der Grundschule?

S: Mhm (=ja).

I: Okay. Und, äh, die Frage klingt jetzt vielleicht komisch, aber was ist für Dich denn Politik? Also wenn Du jetzt „Politik" hörst, an was denkst Du dann, was fällt Dir dann ein?

S: Da fällt mir der Bundestag ein. Da fällt mir der Bundespräsident ein. Ähm, da fällt mir, puh, lange Reden ein.

I: Mhm.

S: Und, ähm, und eben solche Diskussionen wie jetzt mit dem neuen Flughafen in Kleinaitingen da drüben.

I: In Lagerlechfeld?

S: Mhm (=ja).

I: Okay. Und jetzt zu was anderem: Welche Politiker kennst Du denn? Also welche fallen Dir da so ein?

S: Also der Bundeskanzler Gerhard Schröder, der Stoiber, ähm, ich glaube einer hieß auch Rau, so ein alter. Ähm, aber sonst eigentlich nicht.

I: Und weißt Du zufällig auch, also vom Schröder hast Du schon gesagt, der ist Bundeskanzler. Aber weißt Du vielleicht auch von den anderen, welches Amt die haben? Oder auch welche Aufgabe, welche Arbeit?

S: Mmh, eigentlich nicht so.

I: Okay. Ich habe hier noch ein paar Bilder dabei: Kennst Du die? [Bild „Gerhard Schröder" wird vorgelegt]

S: Schröder.

I: Genau. [Bild „Edmund Stoiber" wird vorgelegt]

S: Stoiber.

I: Mhm, und kennst Du die Frau auch? [Bild „Angela Merkel" wird vorgelegt]

S: Angela Merkel.

I: Ja, genau, ja super. Und der da hier? [Bild „Joschka Fischer" wird vorgelegt]

S: Äh, den kenne ich jetzt nicht.

I: Das ist der Joschka Fischer.

S: Ah. Denke mir doch, Fischer.

I: Kommt Dir der hier bekannt vor? [Bild „Guido Westerwelle" wird vorgelegt]

S: Nee, überhaupt nicht.

I: Westerwelle. Und der hier vielleicht jetzt auch nicht so? [Bild „Horst Köhler" wird vorgelegt]

S: Mm (=nein). Auch nicht.

I: Das ist der, der heißt Köhler. Und den da vielleicht, hast Du den schon mal gesehen? Den hier. [Bild „George W. Bush" wird vorgelegt]

S: George W. Bush? Oder?

I: Genau. Sehr gut! Und, äh, was denkst Du denn, wer so der wichtigste Politiker ist? Was würdest Du da sagen?

S: Der Gerhard. Schröder.

I: Und hast Du irgendeine Ahnung, wie man Politiker wird? Also wie kommt man dazu eigentlich?

S: Äh, [überlegt], weiß ich auch nicht, da war glaube ich neulich ein Beitrag in der „Maus".

I: Mhm, echt, kommen da auch so politische Sachen?

S: Mhm (=ja). Da kommen auch manchmal solche Sachen.

I: Ah ja. Und dann würde ich zum Beispiel gerne noch wissen – also jetzt sind wir schon fast am Ende, aber ich würde noch gerne wissen, ob Du Parteien kennst. Also fällt Dir irgendeine Partei ein?

S: Ähm, CDU, ähm, CDU, die Grünen, ähm, wie heißen die Schwarzen nochmal? Nö. Aber es gibt noch FDP.

I: FDP, genau.

S: Ähm, [überlegt], ja, sonst fallen mir auch keine ein.

I: Mhm, und ähm, also Du kennst ja schon ziemlich viele. Weißt Du auch, was die Parteien vertreten oder wo da die Unterschiede sind? Weißt Du da etwas darüber oder jetzt eher nicht so?

S: Ähm, dass manche im Bundes-, im Bundes-, wie heißt das denn jetzt, Bundes-, Bundes-, Bundestag mehr Sitze haben und manche weniger. Manche mehr, manche weniger.

I: Aha, genau. Und wer hat mehr Sitze? Weißt Du das auch?

S: Also, Rot-Grün sitzt im Moment am ... höchsten.

I: Die sind an der Regierung, genau. Und findest Du vielleicht eine bestimmte Partei vom Gefühl her besonders gut?

S: Mmh, nee.

I: Also wenn Du jetzt schon 18 wärst, Du könntest jetzt noch nicht sagen, was Du vielleicht wählen würdest, wenn Du 18 wärst?

S: Nö, also, heute noch nicht.

I: Okay. Und, ja, Du hast vorhin schon was vom Bundestag gesagt. Weißt Du, was der Bundestag ist und was die machen?

S: Äh, das ist ein riesiger Raum...

I: Mhm.

S: ... äh, und da reden sie halt immer.

I: Mhm. Also die Politiker sitzen da und reden halt – über was reden die? Oder was machen die da, was besprechen die da?

S: Die besprechen zum Beispiel neue Gesetze oder... Oder wenn sie irgendwas bauen, irgendwas besonderes.

I: Mhm, okay. Und das letzte, was mich jetzt noch interessieren würde, ist: Weißt Du, was Demokratie bedeutet? Also...

S: Demokratie, Demokratie, Demokratie, Demokratie...

I: ... kannst Du Dir unter dem Begriff irgendwas vorstellen?

S: Ähm, Demokratie... [überlegt] Ich weiß es im Hinterkopf, aber mir fällt's jetzt nicht ein!

I: Also Du hast das schon mal gehört?

S: Ja. Demokratie, ähm, Demokratie [überlegt], ich glaube, wenn sich irgendwie mehrere Politiker einig werden oder so.

I: Mhm. Gut. Das war's dann jetzt schon! Vielen, vielen Dank für's Mitmachen.

Interview 4: Ronja, 10 Jahre

I: Erst mal würde ich gerne wissen, was Du gerne im Fernsehen anguckst. Was schaust Du denn öfters, was sind Deine Lieblingssendungen?

S: „Pepper Ann". Die kommt auf Super RTL.

I: Mhm.

S: Und ... [überlegt] ... schaue ich, „Andy" schaue ich.

I: „Typisch Andy?"

S: Ja, genau.

I: Aha, das kenne ich auch.

S: Manchmal, wenn's kommt, auch „Schloss Einstein" auf KI.KA. Und, ja, das sind dann so die Sendungen, die ich am meisten anschaue.

I: Ja. Hast Du auch schon mal Kindernachrichten angeschaut?

S: „logo!".

I: „logo!"?

S: Ja.

I: Schaust Du das öfters an oder nur manchmal?

S: Ja, öfters mal.

I: Und findest Du das gut, gefällt Dir das gut?

S: Ja, weil da versteht man alles besser.

I: Sind das dann bestimmte Themen, die Dich interessieren bei „logo!"?

S: Mmh [überlegt].

I: Oder nichts spezielles. Die ganze Sendung eben.

S: Ja, die ganze Sendung eigentlich.

I: Okay. Und hast Du schon mal mit Deinen Eltern Erwachsenennachrichten angeschaut? Guckst Du da manchmal mit?

S: Ja, manchmal schon.

I: Fällt Dir da vielleicht auch irgendein Thema ein, das mit Politik zu tun hat, über das Du in letzter Zeit mal was im Fernsehen gesehen hast oder im Radio gehört hast oder so?

S: Mit Geld.

I: Geld? Was mit Geld?

S: Ja, die haben zu wenig Geld, um ... [überlegt] ... Sachen zu kaufen. [überlegt]

I: Genau, okay. Würdest Du sagen, Du interessierst Dich für Politik? Oder eher nicht so?

S: Mmh, ein bisschen.

I: Ein bisschen, so mittelmäßig?

S: Ja.

I: Und dann habe ich hier noch ein paar andere Themen: Interessierst Du Dich zum Beispiel für Musik?

S: Ja.

I: Für Sport?

S: Ja, schon.

I: Ja? Und für Umweltschutz?

S: Ja.

I: Ja? Dann zum Beispiel für Ausländer, für Ausländerproblematik?

S: Mmh, ja.

I: Interessiert Dich Lokalpolitik, also was so Politisches in Deinem Ort passiert?

S: Mmh, ja, schon.

I: Ein bisschen?

S: Ja, ein bisschen.

I: Interessiert Dich Technik?

S: Nee. Nee, eigentlich nicht.

I: Und wie ist es mit Krieg? So was kommt ja auch oft im Fernsehen. Findest Du das interessant, wenn so was kommt oder ...?

S: Also, ich find's nicht so, weil da immer so viele Leute sterben.

I: Mhm, okay. Wie ist das denn bei Euch daheim: Reden Deine Eltern öfters über Politik?

S: Ja.

I: Schon. Auch mit Dir jetzt oder nur untereinander?

S: Mit mir auch manchmal.

I: Mit Dir auch. Dann erklären die Dir zum Beispiel was, oder?

S: Ja.

I: Und in der Schule, habt Ihr da schon mal was über Politik gemacht?

S: [überlegt] Muss mal überlegen. Ja, schon mal so ein bisschen. In der dritten Klasse.

I: In der dritten?

S: Ja, glaube schon.

I: Auch bei der Frau Schreiber [Lehrerin] oder bei jemand anders?

S: Oder war das bei der Frau Bruckner [ehemalige Lehrerin]? Ich weiß nicht mehr.

I: Und kannst Du Dich noch erinnern, was Ihr da gemacht habt oder um was es da ging?

S: Nee.

I: Aber Du weißt, Ihr habt irgendwas über Politik gemacht.

S: Ja.

I: Okay. Würdest Du es denn gut finden, wenn man in der Schule mehr über Politik lernen würde oder nicht so unbedingt?

S: Ja, schon.

I: Schon?

S: Ja.

I: Okay. Was ist für Dich denn eigentlich Politik? Also wenn Du jetzt „Politik" hörst, an was denkst Du da oder was fällt Dir dazu ein?

S: Also das ist, da sitzen verschiedene Politiker in, ähm, einem Haus und tun da bereden, was sie, ähm, was sie als nächstes bauen wollen oder... Und die Wahlen.

I: Die Wahlen, genau. Und kennst Du auch ein paar Politiker? Fallen Dir da welche ein?

S: Ja. Gerhard Schröder, Edmund Stoiber. Theresa, nee, Angelika Merkel. Ähm. [überlegt] Hm.

I: Ja gut, das reicht ja auch schon. Der Schröder, wer ist das denn?

S: Ähm, Bundeskanzler.

I: Genau. Weißt Du vom Stoiber auch, was der ist?

S: Der ist, glaube ich, SPD, oder nee, nee doch ... [überlegt]. SPD, Grüne, ich glaube bei den Grünen.

I: Nee, der ist von der CSU, ist der. Und woher kennst Du eigentlich die Politiker? Hauptsächlich aus dem Fernsehen oder auch von anderswo?

S: Ja, aus dem Fernsehen.

I: Hier habe ich jetzt noch ein paar Bilder. [Bild „Gerhard Schröder" wird vorgelegt] Den hier hast Du ja vorhin schon gesagt, kennst Du ja bestimmt?

S: Mhm (=ja), Gerhard Schröder.

I: Genau. [Bild „Edmund Stoiber" wird vorgelegt] Den hast Du auch schon genannt.

S: Edmund Stoiber.

I: Und die Frau auf dem Bild? [Bild „Angela Merkel" wird vorgelegt]

S: Ja, das ist die Angelika Merkel.

I: Kennst Du den hier? [Bild „Joschka Fischer" wird vorgelegt]

S: Ähm, ja, ähm, wie heißt der? Fischer glaube ich.

I: Ja, genau. Super. Der da hier ist vielleicht nicht ganz so bekannt. [Bild „Guido Westerwelle" wird vorgelegt]

S: [überlegt] Ich glaube, der macht bei den neuen Wahlen mit, nee, keine Ahnung.

I: Kommt der Dir bekannt vor, also hast Du schon mal gesehen, oder?

S: Ja, aus dem Fernseher.

I: Das ist der Westerwelle.

S: Ah ja, schon mal gehört.

I: Der hier ist vielleicht auch weniger bekannt. Hast Du den schon mal irgendwo gesehen? [Bild „Horst Köhler" wird vorgelegt]

S: Nee.

I: Der heißt Köhler.

S: Oh!

I: Sagt Dir doch was, oder?

S: Ja!

I: Und der da hier? [Bild „George W. Bush" wird vorgelegt]

S: Das ist der ..., der Bush.

I: Mhm, genau. Und was denkst Du, was ist die Aufgabe von Politikern? Was arbeiten die?

S: Ähm, Krieg, also Krieg zu verhindern, Leuten helfen, die Arbeit, für Arbeit sorgen, und Straßen, also so Bauarbeiter, wenn eine Straße kaputt ist, die wieder zu reparieren, halt Bauarbeiter hinzuschicken. Und schauen, [überlegt] dass es den Bürgern gut geht. Also denen aus dem Land.

I: Ja, mhm. Hast Du eine Ahnung oder eine Vorstellung, wie man Politiker wird?

S: Da muss man so eine Vorwahl machen und dann muss man gegen den Präsident wählen. Da kommt dann, da kommen dann Bürger und die müssen dann so Zettel ankreuzen und dann müssen sie in den Wahlkasten werfen und dann wird das ausgezählt.

I: Ja, okay. Weißt Du zufällig, was Deine Eltern wählen? Normalerweise? Weil oft wählt man ja die gleiche Partei.

S: Keine Ahnung.

I: Okay. Und was fallen Dir denn für Parteien ein? Von welchen hast Du schon mal was gehört?

S: CDU. Grünen. SPD. [überlegt] Äh, und, äh...

I: Okay, und kennst Du die jetzt nur vom Namen her oder weißt Du auch ein bisschen, was die einzelnen Parteien vertreten? Oder was die Unterschiede sind?

S: Nee, eher vom Namen.

I: Okay.

S: Ach, die Grünen setzen sich für die Umwelt ein.

I: Genau. Wenn Du jetzt 18 wärst, wüsstest Du dann schon, welche Partei Du vielleicht wählen würdest?

S: Nee.

I: Mhm. Und jetzt habe ich nur noch zwei letzte Fragen an Dich. Die sind vielleicht ein bisschen schwieriger. Und zwar: Hast Du schon mal was vom Bundestag gehört?

S: Ja.

I: Was ist denn das? Was macht der?

S: Ähm, da werden irgendwie, da stellen die Politiker ihre, also was sie machen, dass die Wähler sie wählen, glaube ich.

I: Die stellen das da vor? Ja. Mhm. Und hast Du von „Demokratie" schon mal was gehört? Sagt Dir der Begriff irgendwas?

S: Ja.

I: Ja? Und was, also was ist das?

S: Gerecht sein soll die Wahl und, ähm, dass [überlegt] ... puh!

I: Habt Ihr das schon mal gemacht in der Schule, oder?

S: Ich hab's mal im Fernsehen gesehen. Darüber.

I: Mhm.

S: Das war schon länger her.

I: Okay, wenn Dir dazu nichts mehr einfällt, können wir Schluss machen. Okay?

S: Mhm.

I: Gut, super, ja vielen Dank für's Mitmachen!

9.3 Fragebogen

Alter: _____ **Jahre**

☐ **Junge**   ☐ **Mädchen**

---

1) Was sind Deine Lieblingssendungen im Fernsehen?

_____

_____

2) Wie oft siehst Du fern?

☐ oft   ☐ manchmal   ☐ nie

**2a) Wie oft siehst Du Dir im Fern-
sehen folgende Sendungen an:**

	oft	manchmal	nie
Kindernachrichten	☐	☐	☐
Nachrichten	☐	☐	☐

---

3) Wie oft hörst Du Radio?

☐ oft   ☐ manchmal   ☐ nie

3a) Was hörst Du Dir im Radio an?

	oft	manchmal	nie
Musik	☐	☐	☐
Nachrichten	☐	☐	☐

4) Wie oft liest Du die Zeitung?

☐ oft ☐ manchmal ☐ nie

4a) Welche Berichte liest Du in der Zeitung?

	oft	manchmal	nie
Berichte über Politik in meinem Ort	☐	☐	☐
Berichte über Politik in ganz Deutschland	☐	☐	☐
Berichte über Politik in der ganzen Welt	☐	☐	☐
Berichte, die nichts mit Politik zu tun haben	☐	☐	☐

5) Kannst Du Dich an einen Fernseh-, Zeitungs- oder Radio-Bericht erinnern, der mit Politik zu tun hatte? Wenn ja: Beschreibe bitte kurz, um was es dabei ging:

_____

_____

_____

_____

_____

_____

6) Wie interessant findest Du Politik?

☐ sehr interessant   ☐ ein bisschen interessant   ☐ nicht so interessant

6a) Fallen Dir politische Themen ein, die Du spannend findest?

_____

_____

_____

_____

_____

_____

_____

6b) Kannst Du sagen, warum Du Dich nicht so für Politik interessierst?

☐ weil ich Politik langweilig finde

☐ weil Politik eher für Erwachsene ist

☐ weil ich Dinge, die mit Politik zu tun haben, oft nicht so gut verstehe

☐ weil Politik nichts mit mir und meinem Leben zu tun hat

☐ sonstiges: weil _____

☐ ich weiß es nicht

---

7) Wie oft unterhältst Du Dich mit Deinen Eltern, Lehrern, Geschwistern oder Freunden über Dinge, die mit Politik zu tun haben?

☐ oft
☐ manchmal
☐ nur selten
☐ nie

8) Wie oft sprechen Deine Eltern zu Hause über Politik?

☐ oft   ☐ manchmal   ☐ nur selten   ☐ nie

8a) Wenn meine Eltern über Politik sprechen, dann...

☐ ... sprechen sie auch manchmal *mit mir* darüber.

☐ ... sprechen sie *nur untereinander* darüber.

9) Habt Ihr in der Schule schon einmal über Politik geredet oder etwas über Politik gelernt?

☐ ja ☐ nein

9a) Kannst Du Dich noch erinnern, um was es dabei ging?

_____

_____

_____

_____

10) Würdest Du es gut finden, wenn man in der Schule mehr über Politik und politische Dinge erfahren würde?

☐ ja
☐ nein
☐ ich weiß nicht / das ist mir egal

11) Wie gut weißt Du über Politik Bescheid?

☐ Ich weiß _sehr viel_ über Politik.
☐ Ich weiß _viel_ über Politik.
☐ Ich weiß _ein bisschen etwas_ über Politik.
☐ Ich weiß _wenig_ über Politik.
☐ Ich weiß _gar nichts_ über Politik.

12) Welche Politiker kennst Du?
   Weißt Du auch, zu welcher Partei die einzelnen Politiker gehören?
   Weißt Du auch, welches Amt die einzelnen Politiker haben?

   Politiker   Partei   Amt

   _____   _____   _____

   _____   _____   _____

   _____   _____   _____

   _____   _____   _____

   _____   _____   _____

   _____   _____   _____

   _____   _____   _____

   _____   _____   _____

   _____   _____   _____

   _____   _____   _____

   _____   _____   _____

13) Weißt Du, was die Aufgabe von Politikern ist? Was denkst Du, was Politiker machen?

   _____

   _____

   _____

   _____

14) Weißt Du, wie man Politiker wird?

   _____

   _____

   _____

15) Wie heißt die Person auf dem Bild?

1. _____

2. _____

3. _____

4. _____

5. _____

16) Wie würdest Du die Politik in Deutschland allgemein bewerten? Kreuze einfach an, was Du ganz spontan aus dem Bauch heraus denkst!

☐ gut
☐ es geht so
☐ schlecht
☐ ich weiß nicht

17) Welche Aussagen sind Deiner Meinung nach richtig?
(Hier darfst Du auch mehrere Antworten ankreuzen.)

☐ Die Politiker treffen meistens die richtigen Entscheidungen für unser Land.
☐ Politiker halten ihre Versprechen oft nicht.
☐ Die Politiker wissen schon, was das Beste für die Bürger ist.
☐ Manchmal machen auch die Politiker Fehler.
☐ Die Politiker machen oft *nicht* das, was die Bürger wollen.

18) Denk einmal an unseren Bundeskanzler Gerhard Schröder. Wie findest Du ihn?

- eher sympathisch
- eher unsympathisch
- ich kenne Gerhard Schröder nicht

19) Was denkst Du über Bundeskanzler Gerhard Schröder?
(Hier brauchst Du nur dann ankreuzen, wenn Du Schröder überhaupt kennst.)

19a) Der Bundeskanzler ...

- ... würde mir und meiner Familie *immer* helfen, wenn ich Probleme habe
- ... würde mir und meiner Familie *manchmal* helfen, wenn ich Probleme habe
- ... würde mir und meiner Familie *nicht* helfen, wenn ich Probleme habe

19b) Wenn ich dem Bundeskanzler einen Brief schreiben würde ...

- ... würde es ihn wahrscheinlich *sehr* interessieren, was ich denke
- ... würde es ihn wahrscheinlich *ein bisschen* interessieren, was ich denke
- ... würde es ihn wahrscheinlich *nicht* interessieren, was ich denke

19c) Der Bundeskanzler hält seine Versprechen ...

- ... fast immer
- ... manchmal
- ... fast nie

19d) Der Bundeskanzler ...

- ... macht *oft* Fehler
- ... macht *manchmal* Fehler
- ... macht *nur selten* Fehler

20) Machen die Politiker ihre Arbeit gut?

- ja
- nein
- teils teils
- ich weiß nicht

21) Wie interessant findest Du folgende Themen?

	sehr interessant	ein bisschen interessant	gar nicht interessant
Umwelt / Umweltschutz	☐	☐	☐
Ausländerfeindlichkeit	☐	☐	☐
Arbeitslosigkeit	☐	☐	☐
Politik, die in Deinem Ort gemacht wird	☐	☐	☐
Politik, die in ganz Deutschland gemacht wird	☐	☐	☐
Politik, die auf der ganzen Welt gemacht wird	☐	☐	☐
Terror und Krieg	☐	☐	☐
Geschichte	☐	☐	☐

22) Kennst Du eine oder mehrere Parteien? Schreibe bitte alle Parteien auf, die Dir einfallen:

_____

_____

23) In Deutschland gibt es mehrere Parteien. Findest Du eine der Parteien besonders gut?

    ☐ ja, nämlich: _____

    ☐ nein

24) Hast Du eine Idee, was für die CDU/CSU typisch ist? Für welche Ziele setzt sich diese Partei ein?

_____

_____

25) Hast Du eine Idee, was für die SPD typisch ist? Für welche Ziele setzt sich diese Partei ein?

_____

_____

26) Hast Du eine Idee, was für die Grünen typisch ist? Für welche Ziele setzt sich diese Partei ein?

_____

_____

27) Hast Du schon einmal etwas von dem Begriff „Regierung" gehört?

⌐ ja   ⌐ nein

27a) Was ist eine „Regierung"? Und was macht eine Regierung?

_____

_____

_____

_____

_____

28) Aus welchen Parteien besteht unsere Regierung zur Zeit?

_____

29) Hast Du schon einmal etwas von dem Begriff „Bundestag" gehört?

☐ ja   ☐ nein

29a) Kannst Du beschreiben, was der Bundestag ist und welche Aufgaben er hat?

_____

_____

_____

_____

_____

30) Hast Du schon einmal etwas von dem Begriff „Demokratie" gehört?

☐ ja   ☐ nein

30a) Was bedeutet Demokratie? Was fällt Dir zu dem Begriff „Demokratie" ein?

_____

_____

_____

_____

_____

31) Kreuze bitte an, was Deiner Meinung nach eher richtig ist:
Entscheidungen, die von Politikern getroffen werden ...

☐ ... können mein Leben verändern

☐ ... haben nichts mit mir selbst und meinem Leben zu tun

 Vielen herzlichen Dank, dass Ihr mitgemacht habt.
Ihr habt mir sehr geholfen!

9.4 Kategorisierung für die Indices

9.4.1 Kategorisierung für den Wissensindex

Im Folgenden wird beschrieben, wie bei den einzelnen Wissensfragen die Zuordnung der Antworten zu den Kategorien „gar kein bis geringes Wissen", „mittleres Wissen" und „höheres Wissen" für die Indexbildung erfolgte. Die Kategorien sind nicht als Wertungen zu verstehen, sondern dienen lediglich dazu, das Wissensniveau der Befragten untereinander zu vergleichen. „Höheres Wissen" bedeutet also z.b. *im Vergleich zu den anderen Befragten* höheres Wissen.

Frage 5: Erinnerung an einen politischen Medienbericht

Für die Bildung des Wissensindex wurden diejenigen Kinder in die Kategorie „gar kein bis geringes Wissen" eingestuft, die gar kein Thema nennen konnten. „Mittleres Wissen" wurde kodiert, wenn ein Thema in Form eines Schlagwortes ohne weitere inhaltliche Präzisierung angegeben wurde (z.b. „Wahlen", „Krieg", „Wahlen vom Bundeskanzler", „Hartz 4", „Arbeitslosigkeit"). Als „höheres Wissen" wurden Antworten gewertet, in denen ein Thema präzisiert wurde oder eine detailliertere Beschreibung oder Erklärung angegeben wurde, was auf inhaltliches Wissen zum Thema schließen lässt (z.b. „US-Folterungen im Irak: Es ging darum, ob US-Soldaten gefangene Iraker gefoltert hatten.", „Fernsehbericht: Geiseldrama in Russland: "Schwarze Witwen" stürmen Schule und fordern Freilassung tschetschenischer Terroristen.", „Neue Rechtschreibreform von Frau Hohlmeier über neue Rechtschreibung, fiel Kritik von anderen Fraktionen.", „Vor so zwei Jahren, die Wahl um den Bundeskanzler. Ob Stoiber oder Schröder. Im Fernsehen. Stoiber und Schröder haben argumentiert und mindestens zwei Stunden geredet. Schröder ist dann doch Bundeskanzler geworden."). Die Anzahl genannter Themen pro Kind kann nicht als Indikator für die Höhe seines Themenwissens herangezogen werden, da in der Frage ausdrücklich nur nach *einem* Thema gefragt wurde.

Frage 12: Bekanntheit von Politikern

Bei denjenigen Fragen, die metrische Daten erheben (z.B. Anzahl bekannter Politiker oder Parteien), bietet es sich an, zur Aufteilung der Gruppe in geringes, mittleres und höheres Wissen mit Perzentilwerten zu arbeiten. Für die Anzahl bekannter Politiker liegt das erste Terzil beim Wert „2" und das zweite Terzil beim Wert „4". Deshalb wurden alle Kinder, die keinen bis zwei Politiker nennen, in die Kategorie „gar kein bis geringes Wissen" eingeteilt. Wer drei bis vier Politiker kennt, zählt zur Kategorie „mittleres Wissen", und wer fünf Politiker oder mehr kennt, zur Kategorie „höheres Wissen".

Die zusätzliche Frage nach Parteizugehörigkeit und Position der bekannten Politiker wurde nicht in den Wissensindex einbezogen, weil das Wissen einzelner Kinder hier nicht angemessen vergleichbar ist. Die Anzahl richtiger Nennungen von Ämtern müsste in Abhängigkeit von der Anzahl der genannten Politiker betrachtet werden. Die Problematik liegt darin, dass ein Kind, das nur einen Politiker nennt und auch dessen Position angeben kann, demnach hundertprozentiges Wissen über politische Ämter hätte. Ein Kind, das zehn Politiker nennt, aber nur von fünf davon das entsprechende Amt angeben kann, hätte dagegen nur zu 50% Wissen über politische Ämter.

Frage 13: Aufgaben von Politikern

In die Kategorie „gar kein bis geringes Wissen" fallen diejenigen Kinder, die gar keine, falsche (z.B. „Modeln", „Helfen bei Autounfällen") oder nur sehr allgemeine Angaben (z.B. „arbeiten", „Entscheidungen treffen", „bestimmen", „über Sachen diskutieren") machen. Auch die häufiger vorkommende Antwort „regieren" wurde dieser Kategorie zugeordnet. Der Kategorie „mittleres Wissen" wurden sämtliche Antworten zugewiesen, die *eine* konkrete Aufgabe beinhalten, die Politiker ausführen, so z.B. „sie machen Gesetze", „Reformen besprechen, z.B. Hartz IV, Kopftuchverbot, LKW-Maut", „sie verteidigen unser Land" oder „Arbeitslosigkeit zu mindern, Treffen von Entscheidungen.". Alle Antworten, die darüber hinausgehen und entweder mehrere konkrete Aufgaben beinhalten oder zusammenhängendere Beschreibungen liefern, wurden der Kategorie „höheres Wissen" zugeordnet. Dazu gehörten z.B. „Reden über Steuern. Denken nach, wie man mehr Arbeitsplätze kriegen könnte.", „Frieden zu stiften. Steuer zu sammeln und vernünftig zu verwenden. Gute Beziehungen zu anderen Ländern herstellen.", „Das Wohl der Menschen,

Arbeitslosen Arbeit schaffen, Gesetze aufstellen, Friedensverträge abschließen", „Den Staat regieren. Probleme lösen. Staatsfrieden halten. Staatsverbündeten (Frankreich, Russland, ...) in Notzeiten helfen. An politischen Feiern, Gedenken teilnehmen.", „Sie führen neue Regeln ein. Wenn es Probleme mit anderen Ländern gibt, versuchen sie, es zu lösen.".

Frage 14: Bewusstheit von Wahlen

Wer gar keine Antwort auf die Frage gibt, wie man Politiker wird, wurde der Kategorie „gar kein bis geringes Wissen" zugeordnet. Als „höheres Wissen" galt eine Antwort, wenn die Mitgliedschaft in einer Partei bzw. Wahlen genannt werden (z.b. „Durch Wahlen und Abstimmungen.", „Man muss (vom Volk) gewählt werden." oder „Man muss sich einer Partei anschließen und sich dann zur Wahl stellen."). Antworten, die sich auf Bildung beziehen, wurden als „mittleres Wissen" gewertet, weil ein gewisses Bildungsniveau durchaus Voraussetzung für eine Politikerlaufbahn ist. Zwar ist ein Politikstudium nicht Bedingung, aber die Frage war missverständlich gestellt und verleitete eventuell dazu, an einen bestimmten Bildungsweg oder Lebenslauf zu denken. Deshalb wurden Antworten wie „Man muss gebildet sein.", „Man muss Politik studieren und etwas davon verstehen." oder „Man muss Ahnung von Politik haben. Man muss Volksnähe haben." als „mittleres Wissen" kodiert.

Frage 15: Bekanntheit von Politikern – bildgestützt

Das Erkennen von Politiker-Portraits wurde mit Hilfe von Perzentilwerten in drei Wissensgruppen eingeteilt. Da die Terzile bei den Werten „1" und „2" liegen, gilt das Erkennen von keinem oder einem Politiker als „gar kein bis geringes Wissen", das Erkennen von zwei Politikern als „mittleres Wissen" und das Erkennen von drei und mehr Politikern als „höheres Wissen".

Frage 22: Bekanntheit von Parteien

Was die Anzahl bekannter Parteien betrifft, so liegen die Terzile bei den Merkmalsausprägungen „3" und „5". Das bedeutet, es wurden all diejenigen, die keine bis drei Parteien angeben, der Kategorie „gar kein bis geringes Wissen" zugeteilt. Kinder, die vier bis fünf Parteien nennen können, haben „mittleres Wissen", und Kinder, die sechs oder mehr Parteien kennen, haben „höheres Wissen".

Frage 24 bis 26: Ziele von Parteien

Um einen Wissensindex zu bilden, wurden die drei Fragen nach den spezifischen Zielen einzelner Parteien zusammengefasst: Wer bei allen drei Fragen gar keine oder nur falsche Antworten gibt, wurde in die Kategorie „gar kein bis geringes Wissen" eingeordnet. Wer auf eine der drei Fragen eine korrekte Antwort gibt, zählt zur Kategorie „mittleres Wissen" und wer auf zwei oder drei Fragen eine korrekte Angabe macht, zur Kategorie „höheres Wissen".

Frage 27a: Definition und Funktion der Regierung

Kinder, die keine Angabe zur Begriffsbestimmung und Tätigkeit der Regierung machen – entweder weil sie den Begriff gar nicht kennen oder weil ihnen eben nichts dazu einfiel –, wurden der Kategorie „gar kein bis geringes Wissen" zugeordnet. Hierzu gehören ebenfalls falsche Angaben (z.B. „Eine Regierung sind alle Parteien zusammen.", „Eine Regierung ist die größte Gruppe." oder „Das sind die Parteien, die im Bundestag Plätze haben."). Derselben Kategorie wurden auch zu allgemein gehaltene Aussagen zugewiesen, so z.B. „bestimmt Entscheidungen", „die sprechen über verschiedene Sachen" oder auch „sie regiert", was mehrmals genannt wurde. Zwar sind diese Antworten nicht falsch, aber sie zeigen auch keine klare Vorstellung von „Regierung" oder „regieren". Als „mittleres Wissen" wurden Antworten gewertet, die eine etwas klarere Beschreibung der Funktion einer Regierung beinhalten (z.B. „Diese Politiker entscheiden und bestimmen über das Land.", „Sie bestimmt, wie was zu tun ist. Sie kontrolliert alles.", „Die Regierung entscheidet für das Land, was gut was schlecht ist, und investiert da Steuergeld in Sachen."). Als „höheres Wissen" gelten Antworten, in denen zusätzlich zum Ausdruck kommt, dass nicht alle, sondern nur ausgewählte Parteien und Politiker regieren (z.B. „Sie besteht aus bestimmten Parteien und einem Bundeskanzler.", „Die Regierung sind die Parteien, die die Wahlen gewonnen haben. Eine Regierung muss sich mit allem Möglichen beschäftigen, was das Land betrifft.").

Frage 28: Parteiliche Zusammensetzung der Regierung

„Gar kein bis geringes Wissen" wurde kodiert, wenn ein Kind gar keine oder eine falsche Angabe zur aktuellen Zusammensetzung der Regierung macht.

Als „mittleres Wissen" gilt die Angabe einer Regierungspartei und als „höheres Wissen" gilt die korrekte Nennung beider Regierungsparteien.

Frage 29a: Definition und Funktion des deutschen Bundestags

Zur Bildung des Wissensindex wurden diejenigen, die den Begriff nicht kennen, sowie diejenigen, die ihn zwar kennen, aber nicht näher beschreiben können, in die Kategorie „gar kein bis geringes Wissen" eingestuft. Dazu gehören auch diejenigen, die falsche Antworten auf die Frage nach der Definition und Funktion des Bundestags geben (z.b. „Der Bundestag ist der Oberhaupt der Politiker: Bundeskanzler, ...!" oder „Der Bundestag ist ein Tag, wo die Politiker irgendwas machen."). In dieselbe Kategorie wurden Antworten eingeordnet, wenn sie zu allgemein formuliert waren, wie z.b. „Dort sitzen die Politiker und beraten.", „Im Bundestag trifft man sich, um Entscheidungen zu treffen." oder „Da wählt man für etwas oder für jemanden.". Das Prädikat „mittleres Wissen" wurde dagegen vergeben, wenn eine Antwort etwas stärker spezielle Eigenheiten des Bundestags beschreibt, dennoch aber allgemein bleibt (z.b. „Viele Reformen werden besprochen.", „Es befinden sich im Bundestag verschiedene Parteien, die versuchen, ihre Vorschläge vorzubringen und durchzusetzen." oder „Die Wahlen für den Bundeskanzler."). Als „höheres Wissen" gilt eine Aussage dann, wenn deutlich zum Ausdruck kommt, dass der *Bundestag* den *Bundeskanzler* wählt oder dass der Bundestag als Parlament Gesetze beschließt. Antworten, die der höchsten Kategorie zugeordnet wurden, sind z.b. „Der Bundestag ist das "Parlament". Dort werden die Gesetze durchgebracht oder nicht.", „Das deutsche Parlament. Abstimmen über Gesetze." oder „Dort diskutieren die Politiker über Dinge, die geändert, erneuert oder verbessert werden sollen.".

Frage 30a: Definition von Demokratie

Kinder, denen der Demokratiebegriff unbekannt ist oder die ihn zwar kennen, aber keine weiteren Angaben dazu machen, fallen in die Kategorie „gar kein bis geringes Wissen". Ebenso zählen falsche Aussagen (z.b. „Wenn man gegen etwas demonstriert, wenn man nicht will das etwas eingeführt wird.", „Da wird über ein Thema-Gesetz geredet.", „Demokratie ist, wenn nicht das Volk, sondern die Politiker entscheiden.") und nichtssagende Angaben dazu („demokratisch handeln", „deutsche Demokratie"). Die zweite Kategorie „mittleres Wissen" betrifft alle knappen, schlagwortartigen Antworten, die zwar korrekt, aber nicht begriffserklärend sind. Bei solchen Antworten ist nicht ganz klar, ob das Kind auch begreift, was es niederschreibt: „Demokratie ist Gerechtigkeit" oder „Weiß nicht genau. Dass alle etwas sagen dürfen.". Alle ausführlicheren Formulierungen oder Beschreibungen und Erklärungen, die auch auf ein Verständnis des Gesagten hinweisen, wurden dem „höheren Wissen" zugeordnet. Dazu zählen Antworten wie z.B. „Demokratie bedeutet Gleichberechtigung, dass z.b. bei einer Wahl jeder eine Stimme hat und jeder Politiker die gleichen Chancen." oder „Dass alle wählen dürfen und somit mit-bestimmen dürfen.".

Frage 31: Zusammenhang von Politik und Lebenswelt

Diejenigen Befragten, die ankreuzen, politische Entscheidungen hätten nichts mit ihnen selbst und ihrem Leben zu tun – also die Verbindung zwischen Politik und der eigenen Umwelt nicht erkennen –, wurden der Kategorie „gar kein bis geringes Wissen" zugeordnet. Diejenigen, die angeben, politische Entscheidungen könnten ihr Leben verändern – sich also über den möglichen Einfluss bewusst sind –, fallen in die Kategorie „höheres Wissen". Die Kate-gorie „mittleres Wissen" entfällt bei dieser Frage.

9.4.2 Kategorisierung für den Einstellungsindex

Im Folgenden wird beschrieben, wie bei den einzelnen Einstellungsfragen die Zuordnung der Antworten zu den Kategorien „negative Einstellung", „mittlere Einstellung" und „positive Einstellung" für die Indexbildung erfolgte.

Frage 16: Allgemeine Bewertung der deutschen Politik

Kindern, die die Politik in Deutschland als „schlecht" bewerten, wurde eine „negative Einstellung" zugeschrieben, das heißt sie bekommen einen Minus-punkt auf dem Einstellungsindex. Als „positive Einstellung" gilt die Bewertung der deutschen Politik als „gut", wofür ein Pluspunkt vergeben wird. Keinen Punkt erhielten die „neutralen Aussagen" „es geht so" und „ich weiß nicht".

Frage 17: Einstellungen gegenüber Politikern im Allgemeinen

Zur Einstellung gegenüber Politikern im Allgemeinen wurden fünf unter-schiedliche Aussagen zur Verfügung gestellt. Für jede positive Aussage („positive Einstellung") bekamen die Kinder einen Pluspunkt, für jede negative

Aussage („negative Einstellung") einen Minuspunkt. Eine positive Aussage, die nicht angekreuzt wird, gilt als negative Einstellung und umgekehrt.

Frage 18: Affektive Einstellung gegenüber dem Bundeskanzler

Als „positive Einstellung" wurde es gewertet, wenn ein Kind den Bundeskanzler als „eher sympathisch" einstuft. Umgekehrt gilt es als „negative Einstellung", wenn der Bundeskanzler „eher unsympathisch" gefunden wird. Nicht gezählt wurde im Einstellungsindex die „neutrale Antwort" „ich kenne Gerhard Schröder nicht".

Frage 19a bis 19d: Kognitive Einstellung gegenüber dem Bundeskanzler

Bei den vier kognitiven Einschätzungen des Bundeskanzlers wurde jeweils die positivste Antwortkategorie (z.B. „... würde immer helfen", „... macht nur selten Fehler") als „positive Einstellung" gewertet und mit einem Pluspunkt auf dem Index versehen. Die negativste Antwortkategorie (z.B. „... würde nicht helfen", „... macht oft Fehler") wurde als „negative Einstellung" gewertet und als Minuspunkt gezählt. „Neutrale Einstellungen" (z.B. „... würde manchmal helfen", „macht manchmal Fehler") ergaben gar keinen Punkt. Ebenso wurde es nicht im Einstellungsindex gezählt, wenn ein Kind gar nichts ankreuzt.

Frage 20: Bewertung der Arbeit der Politiker

Kindern, die der Meinung sind, die Politiker machen ihre Arbeit gut, wurde eine „positive Einstellung" und damit ein Pluspunkt auf dem Index zugeschrieben. Kindern, die angeben, dass Politiker ihre Arbeit nicht gut machen, wurde eine „negative Einstellung" und damit ein Minuspunkt zugewiesen. Die „neutrale Einstellung" „teils teils" ebenso wie die Angabe „ich weiß nicht" erhielten keinen Punkt auf dem Einstellungsindex.

Anmerkung zu Frage 23: Parteipräferenz

Die Frage nach der Bevorzugung einer bestimmten Partei wurde nicht in den Einstellungsindex einbezogen, weil es hierbei im Gegensatz zu den anderen Fragen nicht um eine direkte Einschätzung positiver oder negativer Art geht.

ibidem-Verlag

Melchiorstr. 15

D-70439 Stuttgart

info@ibidem-verlag.de

www.ibidem-verlag.de
www.ibidem.eu
www.edition-noema.de
www.autorenbetreuung.de

4805214R00119

Printed in Germany
by Amazon Distribution
GmbH, Leipzig